*A mi esposa, María del Carmen Morelos Bernal,
a mi hijita, Rocío del Carmen, y a mis alumnos.*

DESARROLLO ORGANIZACIONAL

Luis Ferrer Pérez

EDITORIAL TRILLAS

México, Argentina, España,
Colombia, Puerto Rico, Venezuela

Catalogación en la fuente

Ferrer Pérez, Luis
    Desarrollo organizacional. -- 3a ed. -- México : Trillas,
1995 (reimp. 2007).
    213 p. : diagramas ; 24 cm. -- (Biblioteca de ciencias
de la administración)
    Bibliografía: p. 203
    ISBN 978-968-24-5233-8

    1. Industrias - Organización, control, etc. I. t. II. Ser.

D- 658.401'F566d   LC- HF5547.A3F4'F4.3   627

División Administrativa
Av. Río Churubusco 385
Col. Pedro María Anaya, C. P. 03340
México, D. F.
Tel. 56884233
FAX 56041364

División Comercial
Calzada de la Viga 1132
C. P. 09439, México, D. F.
Tel. 56330995, FAX 56330870

www.trillas.com.mx

Miembro de la Cámara Nacional de
la Industria Editorial
Reg. núm. 158

Primera edición EM
ISBN 968-24-0530-0
◊(EO, X5, XR, XL, XA, XM, XX)
Segunda edición XO
ISBN 968-24-0984-5
◊(O5, OI)
Tercera edición OA
ISBN 978-968-24-5233-8
◊(OM, OX, S5, SR, SI, SA)

Reimpresión, 2007

Impreso en México
Printed in Mexico

Presentación

Estos apuntes en forma de guía práctica tienen como fin asistir al alumno con una documentación básica, esquemática y gráfica de D. O. que le pueda servir como orientación en el curso respectivo y como recordatorio del mismo durante su vida de trabajo.

La materia está distribuida de tal manera que se refuerzan durante la exposición los conceptos clave, ampliándolos hasta la "Síntesis" para llamar la atención sobre ellos y así facilitar su entendimiento y fijación en la memoria de un modo gradual.

En la continuación del "Índice" se han intercalado, después del enunciado de cada tema, diversos paréntesis que contienen números y a veces letras, los cuales se refieren a las citas de los autores que se mencionan en la "Bibliografía": por el número romano se localiza al autor o colección, por la letra una obra de dicha colección y por el número arábigo se menciona la paginación respectiva.

Finalmente, me es grato agradecer a María de los Ángeles García Gil y a María de la Luz Anaya Berrios su cooperación en la elaboración de esta guía.

Luis Ferrer Pérez

Prólogo
a la segunda edición

Como lo manifestamos en la primera edición de esta obra, el objetivo primordial del D. O. es fomentar "mayor efectividad y salud" en las organizaciones.

Ahora bien, para lograr lo anterior se necesita, en primer lugar, un enfoque interdisciplinario; a saber: estructural, administrativo, técnico y psicosocial. Y en segundo, una metodología cualitativa y cuantitativa mediante la cual se llega en primer término a una conducción, es decir, a una gestión (magnagement) de la organización, a fin de establecer y conservar un equilibrio, tanto entre las fuerzas internas de la misma como entre éstas fuerzas y las externas a dicha organización, a través de un sistema de toma de decisiones y de comunicación.

En esta segunda edición, hemos insistido en lo anterior debido a que quienes ponen en práctica el D.O. estamos sintiendo el apremio de superar la etapa de utilizarlo como un recurso fragmentario para solucionar problemas momentáneos; es preciso iniciar ya otra etapa que se base primordial, aunque no exclusivamente, en métodos cuantitativos de *ingeniería,* llamémosle, *organizacional* y no tan solo en métodos psicosociales (y escasamente administrativos), los cuales si bien condicionan a lo estructural, administrativo y técnico, también es cierto que aquellos son a su vez condicionados por éstos en grado extremadamente considerable. De ahí que alimentemos el propósito de superar, en un día no muy lejano, el carácter de "orientación" de esta *guía práctica,* con la presentación de su profundización operativa, siguiendo una mentalidad más interdisciplinaria, a partir de una definición del D.O. equivalente a la que proporcionamos en esta guía, y más inclinada a justificar los términos *desarrollo* (o sea, el avance hacia la optimización) y *organizacional* como objetivización del siguiente concepto de organización:

Un conjunto de personas que coordinan sus diferentes actividades, con el propósito de negociar de una manera planeada con su medio ambiente significativo.

Agradecemos a Editorial Trillas, al doctor Fernando Arias Galicia, a las instituciones educativas, a las empresas e industrias y a los lectores de esta obra su interés, el cual nos ha impulsado a corresponderles con la futura aportación aludida a la que nos hemos sentido gratamente comprometidos.

LUIS FERRER PÉREZ

Prefacio

Es cada vez más evidente el fracaso de la administración tradicional, que fácilmente degenera en la patología burocrática, frenando no sólo el alcance de los objetivos de la propia organización, sino constriñendo también el desenvolvimiento personal, social, y político de sus integrantes. Así pues, urge modificar las estructuras tradicionales.

Una alternativa para lograr el cambio es, precisamente, el denominado "Desarrollo Organizacional", que tan bien resumido nos presenta en esta obra el Dr. Luis Ferrer. En efecto, el D. O. (¡hasta en el empleo de las iniciales se manifiesta el esfuerzo económico de la sociedad industrializada de nuestra época!) se presenta como una muy atractiva posibilidad de revivificar la momia burocrática. Por los valores humanos que contiene, ha resultado extraordinariamente cautivador el intento de implantarlo. Sin embargo, no han dejado de presentarse ciertas dificultades. Oleadas de tan entusiastas como ingenuos seguidores del mismo han fracasado porque han pretendido llevarlo a cabo sin cumplir adecuadamente los requisitos previos para el buen éxito, señalados en la unidad 11 del módulo I. El apoyo decidido y franco de la alta gerencia resulta condición *sine qua non*. A mi juicio, aquí se presenta uno de los máximos problemas: en muchas ocasiones la gerencia desea que cambien los *demás*.

Por otro lado, me parece que mientras el cambio no incluya la *propiedad* de la empresa, no pasará de ser un instrumento de manipulación. Con esto quiero expresar una hipótesis: mientras los trabajadores (de todos los niveles) no sean y se sientan propietarios, y por tanto directamente involucrados en la empresa, al final no dejarán de ver en el D. O. un intento más de manipulación por parte de la gerencia y, por ende, se socavarían algunos de los principios en que se sustenta aquél. Así pues, me parece que para ser eficaz, el cambio debe ser *total* (incluyendo la propiedad). Con lo anterior *no* quiero indicar que el Estado debe asumir la propiedad de las empresas pues ello, está ya muy visto en muchos países, no hace sino incrementar la burocracia y la politiquería. Quiero indicar que, por ejemplo, mediante la venta de acciones entre el personal podría lograrse ese objetivo. En todo caso, me parece que el problema de la propiedad no puede ser soslayado en un plan de desarrollo organizacional. Sólo el tiempo dirá si mi hipótesis resulta cierta o no.

Como se dijo antes, el entusiasmo que despierta el D. O. puede deslumbrar a muchas personas. Alabo el entusiasmo pero creo que también parte del mismo debe ser encaminado a investigar objetivamente, a largo plazo, si se cumplen o no los objetivos del D. O. El doctor Ferrer asienta en la unidad 6 que el consultor debe ser un "investigador objetivo" y, como tal, agrego yo, debe basarse en *hechos* y no en suposiciones. De esta manera, deberá plantear claramente la forma en que *controlará* (en el sentido administrativo de comparar logros y planes) la consecución o no consecución de los objetivos que persigue el D. O. Tengo la impresión de que las técnicas específicas para lograr esto no han recibido mucha atención por parte de los diversos autores sobre el tema.

Al expresar todo lo anterior, no deseo más que animar a los lectores para que investiguen *empíricamente,* dentro de esta atractiva aplicación de las ciencias del comportamiento y las administrativas, el desarrollo organizacional, y para que hagan llegar sus resultados a todos los que estamos interesados en el tema. Seguramente podremos obtener otras obras tan sustanciales como ésta del doctor Ferrer.

Fernando Arias Galicia

México, D. F., junio de 1976.

Índice
de contenido

Módulo I

Nociones generales

Unidad 1

Un poco de historia

El D. O. se refiere a un gran esfuerzo para mejorar las capacidades y habilidades en la solución de problemas organizacionales, para enfrentarse con cambios en su ambiente externo e interno, con la ayuda externa e interna de consultores científicos del comportamiento o agentes de cambio, como son llamados algunas veces. Tales esfuerzos son relativamente nuevos, pero están desarrollándose visiblemente en los Estados Unidos, Inglaterra, Japón, Holanda, Noruega, Suecia y otros países. Entre el creciente número de organizaciones que se han esforzado por llevar a cabo el D. O. están: Union Carbide, Esso, TRW Systems Humble Oil, Weyerhaueser, e Imperial Chemical Industries Limited. Otra clase de instituciones, entre las que están sistemas de escuelas públicas, iglesias y hospitales, lo han incluido también.

Las actividades del D. O. aparecieron en 1957, como un intento por aplicar algunos de los méritos e ideas del entrenamiento de laboratorio a la organización total. El difunto Douglas Mc Gregor, investigador en la Union Carbide, ha sido considerado como uno de los primeros científicos del comportamiento que habló sistemáticamente acerca de implantar un programa de D. O. Otros investigadores a quienes se asocia con tales esfuerzos son Herbert Shepard y Robert Blake, mismos que, en colaboración con el Departamento de Relaciones Industriales de la Esso Company, diseñaron un programa de entrenamiento de laboratorio (sensitivity training) en varias refinerías de la compañía. Este programa surgió en 1957, después de que los pioneros en investigaciones de las relaciones humanas empezaron a verse como un grupo de consultores internos que ofrecían servicios a gerentes, en vez de considerarse como un grupo de investigación que elaboraba reportes a una gerencia.

Actualmente se está extendiendo la aplicación del D. O. en nuestro país; sin embargo, dado que nuestros valores organizacionales se encuentran en vías de humanización, que la aplicación del D. O.

en algunas organizaciones no se ha llevado a cabo en su integridad y sí en forma más bien novedosa y basada con exclusividad o en un aspecto meramente estructuralista, o administrativo o técnico o psicosocial, y no teniendo en cuenta a los tres al mismo tiempo, y que no se le ha presentado de manera asimilable a nuestra mentalidad, se le ha desvirtuado de todo su impacto a que es merecedor; no obstante, el D. O. ofrece muchos instrumentos que, de ser aplicados científicamente y considerando nuestra psicología y el actual estado de nuestros valores organizacionales, que no se pueden cambiar de improviso, beneficiarán notablemente la efectividad y el desarrollo no sólo de las empresas e industrias, sino también de todo tipo de organizaciones en nuestro país que estén formalmente estructuradas.

Unidad 2

Definiciones del D.O.

Muchos autores han intentado definir lo que es el D. O. (desarrollo organizacional) en términos operacionales. Así, Warren Bennis describe el D. O. como: "Una respuesta al cambio, una compleja estrategia educacional que pretende cambiar las creencias, actitudes, valores y estructura de las organizaciones, de tal manera que puedan adaptarse mejor a las nuevas tecnologías, los mercados y los varios retos, incluyendo el mismo cambio vertiginoso."

Una definición más amplia, o sea, no restringida al empleo del laboratorio, es la que da Richard Beckhard: "Un esfuerzo planificado de toda la organización y administrado desde la alta gerencia, para aumentar la efectividad y el bienestar de la organización por medio de intervenciones planificadas en los *procesos* de la entidad, los cuales aplican los conocimientos de las ciencias del comportamiento."

Esta última definición es más precisa que la anterior; sin embargo, cabe preguntar: ¿en qué consiste "el esfuerzo planificado"? De ahí que propongamos la siguiente definición: *"D. O. es la aplicación creativa de largo alcance, de un sistema de valores, técnicas y procesos, administrado desde la alta gerencia y basado en las ciencias del comportamiento, para lograr mayor efectividad y salud de las organizaciones mediante un cambio planificado, según las exigencias del ambiente exterior y/o interior que las condiciona."* (Luis Ferrer)

Explicación de esta definición

1. "Aplicación creativa": el D. O. no es una mera teoría para especular, sino que está encaminada a aplicarse a una organización de acuerdo a las circunstancias por las que está pasando la misma y la psicología de sus miembros.

2. "De largo alcance": el D. O. está destinado a aplicarse en toda la organización durante un plazo de tres a cinco años en su primer ciclo.

3. "Sistema de valores, técnicas y procesos": el D. O. no es algo desarticulado, sino un todo compacto, integrado por técnicas específicas, valores y procesos propios que guardan una estrecha interrelación, a tal grado que la modificación de uno da lugar a modificaciones en los otros dos.

4. "Administrado desde la alta gerencia": la aplicación del D. O. debe estar respaldada y administrada por la alta gerencia, lo cual constituye una condición "sine qua non".

5. "Basado en las ciencias del comportamiento": el D. O. tiene su base primordial, aunque no excluyente de lo técnico y administrativo, en las ciencias de la conducta; de ahí que verse en mejorar la conducta grupal y organizacional como un medio para lograr efectividad y salud de las organizaciones.

6. "Mayor efectividad y salud...": he aquí el *objetivo primordial* y la razón de ser del D. O.

7. "Mediante un cambio...": la aplicación creativa susodicha tiene lugar en respuesta a las exigencias de cambio causadas por el ambiente que afecta a las organizaciones desde su interior y/o desde el exterior, dado que para sobrevivir se supone que son un sistema abierto.

Unidad 3

Objetivos inmediatos más comunes del D.O.

Los objetivos de una implantación de D. O. en determinada organización dependen del diagnóstico que se haga de ésta; no obstante, existen algunos que se pueden considerar como los más comunes:

1. Desarrollar un sistema *viable* y capaz de autorrenovarse, que se pueda organizar de varias maneras, dependiendo de las *tareas:* "La función debe determinar a la forma", y no las tareas *encajar* en las estructuras existentes.

2. Hacer óptima la efectividad tanto del sistema estable, como de los sistemas temporales (proyectos, comisiones, etc., mediante los cuales se lleva a cabo gran parte del trabajo de la organización) por medio de la creación de *mecanismos de continuo mejoramiento*.

3. Avanzar hacia la colaboración y competencia (regulada) entre las unidades interdependientes.

4. Crear condiciones en las que se haga aparecer el conflicto inevitable y se maneje adecuadamente.

5. Lograr el punto en que se tomen las decisiones en base a las fuentes de información, y no a las funciones organizacionales.

6. Aumentar el nivel de confianza y apoyo entre los miembros de la organización.

7. Crear un ambiente en el cual la autoridad de un papel asignado se incremente por la autoridad, basada en el conocimiento y la habilidad.

8. Aumentar la apertura de las comunicaciones laterales, verticales y diagonales.

9. Incrementar el nivel de entusiasmo y satisfacción personales en la organización.

10. Aumentar el nivel de responsabilidad personal y de grupo en la planeación y ejecución.

11. Encontrar soluciones sinergéticas a problemas frecuentes. (Soluciones sinergéticas son soluciones creativas, en las que $2 + 2$ es equivalente a más de 4, y en las que a través de las partes se logra más por medio de la cooperación que de conflictos.)

Unidad 4

Valores del D.O.

VALORES DEL D. O.

- Dar oportunidad a los miembros de la organización de que trabajen como seres humanos, más que como fuentes de producción.
- Dar oportunidad a cada miembro de la organización, así como a esta última, de que desarrollen todo su potencial.
- Buscar aumentar la efectividad de la organización en términos de todas sus metas.
- Intentar crear un ambiente en el cual sea posible que los miembros de la organización encuentren un trabajo atractivo que los rete.
- Dar oportunidad a los miembros de la organización de que tengan influencia en la manera en que se relacionan con el trabajo, la organización y el ambiente.
- Tratar a cada ser humano como una persona con un complejo de necesidades (todas las cuales son importantes en su trabajo y en su vida).

Unidad 5

Algunos planteamientos del D.O.

Algunos de los planteamientos básicos acerca de las personas que siguen los programas de D. O. son similares a los de la teoría "Y", que serán resumidos a continuación; sin embargo, algunos de los planteamientos sobre grupos y sistemas totales se tratarán más extensamente. Los siguientes planteamientos aparecen como fundamentos de los esfuerzos del D. O.

Acerca de las personas

La mayoría de los individuos aspiran a un crecimiento y desarrollo personal, elementos más susceptibles de ser actualizados en un ambiente de apoyo y de reto.

La mayoría de la gente desea contribuir, y tiene la capacidad de hacerlo, al logro de los objetivos de la organización que el ambiente organizacional permita.

Acerca de la gente en grupos

La mayoría de la gente desea ser aceptada e interactuar cooperativamente por lo menos con un pequeño grupo de referencias, usualmente con más de un grupo; por ejemplo, el grupo de trabajo, el grupo familiar.

Psicológicamente, uno de los más importantes grupos de referencia para la mayoría de la gente es el de trabajo, incluyendo a los compañeros y al superior. Así pues, esa mayoría es capaz de incrementar su eficiencia, ayudados por sus grupos de referencia para resolver problemas y trabajar eficientemente en grupo.

Para que un grupo pueda optimizar su efectividad, es menester que todos sus miembros se ayuden entre sí con una dirección efectiva y compañerismo, dado que el líder principal no puede cumplir con todas las funciones en todas las circunstancias.

Acerca de las personas en los sistemas organizacionales

Las organizaciones tienden a ser caracterizadas por las interdependencias sobrepuestas del grupo de trabajo y por la función eslabonada de supervisores y otras necesidades, que deben ser comprendidas y facilitadas.

Lo que sucede en la vasta organización afecta al grupo pequeño, y viceversa; asimismo, lo que sucede a un subsistema (estructural, administrativo, técnico, psicosocial) afectará y será afectado por otras de las partes del sistema.

La cultura, en la mayoría de las organizaciones, tiende a suprimir los sentimientos entre las personas y entre los que las mandan.

La supresión de sentimientos afecta adversamente la solución de problemas, el desarrollo personal y la satisfacción en el trabajo.

El nivel de confianza interpersonal, ayuda y cooperación, es mucho más bajo en la mayoría de las organizaciones de lo que es deseable.

Las estrategias "ganar-perder", aunque realistas y apropiadas en algunas situaciones, no son óptimas a la larga para la solución de los problemas organizacionales.

Las soluciones sinérgicas pueden ser ejecutadas con mayor frecuencia de lo que es el caso actual en la mayoría de las organizaciones.

Los puntos de vista, como dato importante que es para la organización, tienden a abrir muchos caminos para mejorar la meta establecida, la dirección, la comunicación, la solución de problemas y la colaboración intergrupal y moral.

El esfuerzo por mejorar las bases del D. O. necesita estar sustentado por cambios apropiados en la valuación, compensación, entrenamiento, asesoría y división del trabajo en los departamentos; en pocas palabras: en el sistema total del personal de los departamentos.

Unidad 6

¿Para qué
el consultor o
agente de cambio?

Cuando en la solución de un problema surgen dos o más personas que tienen opiniones diferentes, se necesita un tercero que medie para hacerlos conscientes de sus actitudes y alternativas que deben tomar a fin de proceder de manera objetiva en la respectiva solución. Esto es lo que precisamente acontece en el D. O., por lo cual es necesario contratar a una persona, llamada *consultor,* para que *asista* a los miembros de la organización, llamados *clientes,* en sus asuntos y problemas que trata de solucionar el D. O.

Ahora, cabe preguntar: ¿cuáles son las habilidades que requiere un consultor interno (o sea, que pertenezca a la empresa) o externo (es decir, que sea contratado temporalmente por la empresa) para ser efectivo?

El consultor efectivo debe:

- Ser sincero, de pensamiento claro, no extremoso, con ideales, pasivo, independiente, seguro y no muy científico y organizado.
- Interesarse por la realización de la tarea, más que por el poder o por metas personales.
- Inspirar confianza.
- Ser un investigador objetivo.
- Definir objetivamente los problemas y diagnosticarlos basado en la realidad.
- Preferentemente, influir en las discusiones, en vez de hacerlas o tomarlas.
- Ser especialista en las ciencias de la conducta con sólidos conocimientos de análisis organizacional.

Unidad 7

El papel
del cliente-consultor

La figura 1.1 muestra los diferentes papeles (roles) que puede asumir el consultor: observador, facilitador o moderador, cuestionador, maestro o juez. El consultor podrá fomentar con su participación dos conductas en su cliente: podrá fomentar su dependencia o procurar fomentar su independencia, según los papeles que desempeñe el consultor como directivo o no-directivo. Si el consultor desempeña el papel de directivo, como maestro, asesor, miembro del grupo, juez, estará incrementando la dependencia sobre sí del cliente, más que ayudando en forma individual o en grupo para que éste logre ser independiente.

En este punto, el consultor se mueve incrementando una posición de poder para sí mismo y de relativa impotencia para el cliente. Mientras esta posición puede ser justificada temporalmente en algunos casos, el consultor puede correr el riesgo de actuar como simple agente del cliente y provocar la evasión de éste de seguir una enseñanza personal; por su parte, el cliente aprenderá del consultor a llegar a ser dependiente.

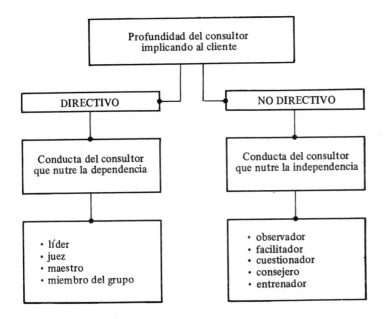

Figura 1.1. Papel del cliente consultor.

Unidad 8

El proceso
de consultoría

Tanto el consultor como el cliente han predeterminado más o menos algunas expectativas del papel del consultor. La expectativa del cliente puede estar basada en experiencias anteriores con otros consultores o en nada más sustancial que ciertas concepciones que él tiene sobre la "ayuda" y sobre la manera de darla y recibirla. Las expectativas del consultor dependen tanto de lo que él concibe que su papel debe ser, como cuán bien puede actualizarlo.

La fig. 1.2. nos pone sobre aviso acerca de los escollos del consultor. El primero trata de las motivaciones del propio consultor. Su función es mejorar la solución de problemas y el proceso de renovación de la organización, especialmente a través de una administración más efectiva y colaborativa de la cultura de la organización. El consultor asiste a la organización mediante un papel que contiene componentes de valores y teóricos. Por esta razón, debe haber un claro entendimiento entre el consultor y el cliente respecto al papel de aquél. El consultor no servirá bien al cliente si actúa primeramente como maestro o como clínico. Él está ahí para ayudar a la organización a que aprenda sus propios procesos a través de hacer frente a sus propios problemas. De ahí que uno de sus papeles fundamentales sea la "consultoría de procesos", o sea, aquella actividad mediante la cual el consultor: • Observa "cómo" funciona o se desarrolla un individuo, un grupo o una organización mientras éstos se enfocan a desempeñar una tarea, y • Les da retroalimentación del mencionado funcionamiento o desarrollo.

Cada paso indicado en el diagrama es, en general, dependiente del paso precedente; por ejemplo, la falla de lograr un diagnóstico conjunto conduce a que el cliente no se implique en la subsecuente planeación de acción, etc. Cuando cada condición necesaria para el proceso de la efectividad de la consultoría se cumple, entonces se está preparando para el siguiente paso. De lo contrario, los pasos subsecuentes son más insatisfactorios y conducen a la frustración del cliente respecto a todo el proceso.

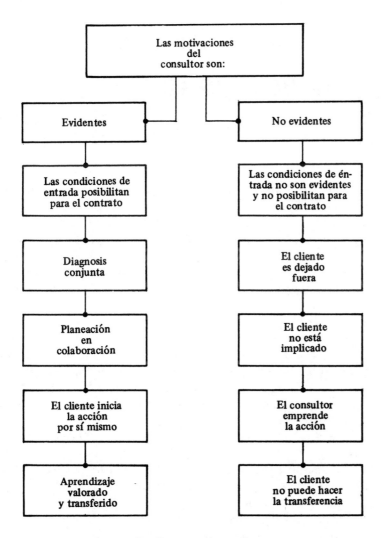

Las motivaciones
del
consultor son:

Evidentes	No evidentes
Las condiciones de entrada posibilitan para el contrato	Las condiciones de éntrada no son evidentes y no posibilitan para el contrato
Diagnosis conjunta	El cliente es dejado fuera
Planeación en colaboración	El cliente no está implicado
El cliente inicia la acción por sí mismo	El consultor emprende la acción
Aprendizaje valorado y transferido	El cliente no puede hacer la transferencia

Escollos de la consultoría

Figura 1.2. Proceso de consultoría.

Unidad 9

Proceso
o etapas de
la implantación del D.O.

Las etapas para implantar en una organización un programa de D. O. son seis, a saber:

1. *Autodiagnóstico,* es decir, aquella etapa en la cual el consultor asiste al cliente para que éste detecte el estado de salud por el que pasa su organización.

2. *Recopilación y diagnóstico de datos:* en la práctica, estas etapas se pueden llevar casi al mismo tiempo; como veremos en el "Modelo y método de D. O.", los instrumentos para hacer la recopilación de datos son, básicamente, encuestas, entrevistas y reuniones de confrontación. En cuanto a los datos sobre los cuales se investiga, generalmente son: la estructura organizacional, el clima organizacional, el poder, el ejercicio de la autoridad, los estilos gerenciales y de liderazgo, la solución de problemas, la toma de decisiones, la comunicación, la motivación, y los conflictos intergrupales e intragrupales.

3. *Planeación de la aplicación del D. O. en la organización respectiva.*

4. *Capacitación del personal indicado para que la ejecución del D. O. sea efectiva,* por ejemplo: capacitación en la solución de problemas, toma de decisiones, etc.

5. *Ejecución,* es decir, la aplicación de la planeación, teniendo en cuenta la relación existente entre "liderazgo y administración", y el "cambio de conducta".

6. *Seguimiento y reciclaje.*

Unidad 10

Requisitos para un auténtico programa del D.O.

1. Debe ser *orientado al problema*, en el sentido de que el aprendizaje de los individuos y del grupo está construido esencialmente sobre la experiencia en solucionar sus propios problemas orientados a la tarea.

2. El programa o esfuerzo de cambio debe ser *orientado al cliente*, en el sentido de que el consultor o agente de cambio ayuda sólo al cliente a desarrollar su organización, más bien que aquél lo haga para el cliente.

3. La intervención debe estar *basada en la experiencia*, en cuanto que el aprendizaje y crecimiento producidos entre los miembros de la organización deben construirse sobre su propia experiencia.

4. El esfuerzo de cambio debe ser *determinado por el sistema*, en cuanto que debe ser planeado y llevado a cabo teniendo en cuenta que un cambio en un sistema de la organización impactará a los otros sistemas.

5. El cambio debe estar *relacionado con la cultura*, en el sentido de que, aunque aquél no afecta directamente a la cultura (es decir, al conjunto de valores, necesidades, expectativas, creencias, políticas y normas aceptadas y practicadas por una organización) de la organización, a sus actividades y normas de trabajo en grupo, al menos es emprendido en términos de su impacto en dicha cultura. Esto se debe a que la cultura de cualquier organización que contiene reglas de conducta no escritas o normas de grupos es generalmente considerada como la clave de cualquier duradero esfuerzo de desarrollo.

6. El cambio de la organización debe basarse en *valores orgánicos*, es decir, la energía, la planeación y el llevar a cabo cualquier programa de cambio deben provenir de aquella gente que está más afectada por el medio.

7. Los estilos gerenciales deben estar adecuados a las exigencias del cambio.

8. El trabajo en equipo debe fomentarse tan pronto como sea oportuno, aplicando, si es posible, la administración por objetivos.

9. Finalmente, el D. O. se debe tomar fundamentalmente como un *proceso,* o sea, como un continuo desarrollo que implica muchos cambios; en otras palabras, el D. O. es un continuo llegar a ser algo adaptándose al cambio, de lo cual se infiere que el D. O. está llamado a ser implantado y a seguir operando durante la existencia de las organizaciones, afectándolas beneficiosamente en los campos de sus estructuras y administración, técnicas, tareas y conducta de su personal, por medio de un apropiado diseño industrial, en consonancia con un propicio clima organizacional, es decir, con la adecuada percepción existente en el personal, de la sana cultura de su organización.

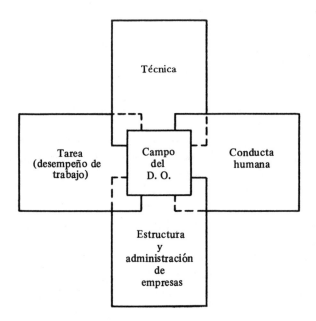

Figura 1.3. Campos afectados por el D. O.

Unidad 11

Algunas condiciones para el éxito o el fracaso en la implantación de un programa del D.O.

Para el éxito

- La organización se encuentra generalmente bajo una considerable presión externa o interna para mejorar. La alta gerencia está inquieta por actuar y buscar soluciones.
- En la alta gerencia tiene lugar una intervención a modo de catálisis por medio de un nuevo miembro o un consultor.
- *La alta gerencia asume un papel directo y responsable en el proceso.*
- Surgen nuevas ideas y métodos en un gran número de niveles de la organización, con el fin de elaborar soluciones.
- Tienen lugar, en cierto grado, la experimentación y la innovación.
- El programa de D. O. es generalmente reforzado por resultados positivos en la eficacia y buen funcionamiento de la organización.

Para el fracaso

- La existencia de una brecha entre los valores de la alta gerencia y su actual comportamiento.
- La implantación parcial del D. O. o de actividades que no estén basadas en un *sistema* de metas para efectuar el cambio.
- Una expectativa irrealista del tiempo que tomará la implantación del D. O.
- Exagerada dependencia o un uso inapropiado de consultores externos e internos.
- Falta de comunicación e integración de los esfuerzos en el D. O. entre los variados niveles de la organización.

- Buscar "buenas relaciones humanas" como objetivo principal del D. O., en lugar de la eficacia y buen funcionamiento de la organización.
- Buscar soluciones rápidas o prescripciones adecuadas para el mejor funcionamiento de la organización.
- Aplicar inapropiadamente las intervenciones o sin una adecuada y objetiva recopilación de datos y diagnóstico de problemas.

Módulo II

Investigación
y diagnóstico

Unidad 1

Sintomatología del estado de salud y enfermedades de las organizaciones

Organización enfermiza

a) Poca inversión del trabajo del personal en los objetivos organizacionales, excepto por parte de la alta gerencia.

b) En la organización, la gente ve que las cosas van mal y no hace nada por evitarlo. Nadie se ofrece voluntariamente a arreglarlas. Los errores y problemas son habitualmente ocultados y encubiertos. La gente habla de estos problemas y errores en la oficina o en los pasillos con personas no implicadas en ellos.

c) Factores ajenos complican la solución de los problemas. El estatus es más importante que la solución de ellos. La gente se trata mutuamente en una forma ficticia que enmascara los asuntos y problemas, especialmente respecto al jefe. La inconformidad es vista con malos ojos.

Organización sana

a) Los objetivos son ampliamente compartidos por los miembros y existe un fuerte y consistente flujo de energía hacia los objetivos de la organización.

b) La gente se siente libre para señalar las dificultades porque espera que los problemas se traten, y es optimista en su solución.

c) La solución de problemas es muy pragmática. La gente trabaja informalmente cuando ataca los problemas y no se preocupa por el estatus, ni por lo que piensen los altos jefes. Se reta frecuentemente al jefe. Se tolera mucho la conducta inconforme.

Organización sana

d) Los puntos de toma de decisiones son determinados por la habilidad, el sentido de responsabilidad, la disponibilidad de información, la importancia del trabajo, el tiempo, y por los requisitos para un desarrollo adecuado y profesional de la gerencia. El nivel organizacional no es considerado como factor.

e) Hay un notable sentido de equipo en la planeación, el desempeño y la disciplina. Hay también una responsabilidad compartida.

f) El juicio de los subordinados es tomado en cuenta.

g) La clase de problemas que se atacan incluye las necesidades personales y las relaciones humanas.

h) Existe un alto grado de colaboración. La gente pide ayuda prontamente de los demás y a su vez están dispuestos a prestarla. Están muy desarrolladas las maneras de ayudarse mutuamente. Si los individuos y grupos compiten entre sí, lo hacen en un grado ínfimo y para obtener metas compartidas.

i) Cuando hay crisis, la gente coopera en el trabajo hasta que desaparece aquélla.

j) Los conflictos son considerados importantes para la toma de decisiones y el crecimiento personal. Son tratados efectivamente en forma abierta. La gente dice lo que quiere, y espera que así actúen los demás.

k) Existe mucho aprendizaje en el trabajo, basado en una voluntad de dar, buscar y usar retroalimentación y consejo.

Organización enfermiza

d) La gente en la alta gerencia trata de controlar el mayor número de decisiones. Se encuentra como en el cuello de una botella, tomando decisiones con una información y consejo inadecuados. La demás gente se queja de las decisiones irracionales de los gerentes.

e) Los gerentes se sienten solos cuando tratan de hacer las cosas. De alguna manera, las órdenes, políticas y procedimientos no se llevan a cabo como se han planeado.

f) El juicio de los subordinados no es tomado en cuenta fuera de los límites de sus trabajos.

g) Las necesidades y sentimientos personales son asuntos ajenos.

h) La gente compite cuando necesita colaborar. Son muy celosos de su área de responsabilidad. Buscar o aceptar ayuda es signo de debilidad; ofrecerla es algo que no se ocurre. Desconfían de los motivos entre ellos y hablan mal del otro; el gerente tolera todo esto.

i) Cuando hay crisis, la gente se retira o se inculpan mutuamente.

j) Generalmente, el conflicto es ocultado y manejado por las políticas de la oficina u otros artificios, o hay interminables e irreconciliables argumentos.

k) El aprendizaje es difícil. La gente no se acerca a sus compañeros para aprender de ellos, sino que tiene que apren-

Organización enfermiza

der de sus propios errores; rechaza la experiencia de los demás. Adquiere poca retroalimentación (feedback) en su desempeño, y mucha de aquélla no es provechosa.

l) La retroalimentación es evitada.

m) Las relaciones están contaminadas por un enmascaramiento. La gente se siente sola y falta de preocupación por los demás. Existe una solapada corriente de miedo.

n) La gente se siente encerrada en sus trabajos, aburrida, anquilosada, pero obligada a permanecer en ellos por la necesidad de sentirse segura. Su conducta es indiferente y dócil. No siente un ambiente agradable.

o) El gerente es un padre que da órdenes en la organización.

p) El gerente controla exageradamente los pequeños gastos y pide una excesiva justificación. Da poca libertad para permitir errores.

q) Tiene un gran valor minimizar el riesgo.

r) "Una sola falta y usted será despedido".

s) El desempeño deficiente es disfrazado o manejado arbitrariamente.

t) La estructura, política y procedimientos de la organización embarazan a ésta. La gente se refugia en las políticas y procedimientos y juega con la estructura de la organización.

Organización sana

La gente se ve a sí misma y a los demás como capaz de un desarrollo y crecimiento personales.

l) La crítica, adyacente al progreso, es una rutina.

m) Las relaciones son honestas. La gente se preocupa por los demás y no se siente sola.

n) La gente está motivada y muy involucrada voluntariamente. Su lugar de trabajo es importante y divertido.

o) El liderazgo es flexible, cambia de estilo según la persona y la situación.

p) Hay un alto grado de confianza entre la gente y un profundo sentido de libertad y mutua responsabilidad. La gente generalmente sabe lo que es importante para la organización y lo que no lo es.

q) Se acepta el riesgo como una condición de crecimiento y oportunidad.

r) "¿Qué es lo que podemos aprender de nuestros errores?"

s) Se enfrenta al desempeño deficiente y se busca la solución pertinente.

t) La estructura, política y procedimientos de la organización, están orientados a ayudar a la gente a proteger permanentemente el buen funcionamiento de la organización. También ellos- (la estructura, la política y los procedimientos) están prontos a cambiar.

Organización enfermiza

u) Tiene plena validez el lema: "¡La tradición ante todo!"

v) La innovación no está muy extendida entre la jerarquía, excepto en las manos de unos pocos.

w) La gente se come sus frustraciones: "No puedo hacer nada. No es mi responsabilidad."

Organización sana

u) Existe un sentido de orden y un alto grado de innovación. Los antiguos métodos son puestos en tela de juicio y a menudo no se les considera cuando son inoperantes.

v) La organización por sí misma se adapta rápidamente a las oportunidades o a otros cambios en el mercado, debido a que se anticipa el futuro.

w) Las frustraciones son un signo que llama a la acción: "Es mi responsabilidad salvar la situación."

En resumen: la salud de la organización consiste en que ésta tenga un fuerte sentido de su propia identidad y misión y la apropiada capacidad de adaptarse prontamente al cambio; de ahí que la eficacia de la organización se conceptúe como la capacidad para sobrevivir, adaptarse y mantenerse, desarrollándose independientemente de las funciones concretas que lleve a cabo, enfrentándose con su medio, obteniendo la adecuada información y procesándola en forma valiosa para lograr con el mínimo de costo el máximo grado de beneficios en su misión o producción.

Unidad 2

Investigación de acción

No obstante que más adelante, en "Métodos", "Estrategia" y "Un modelo de D. O.", se hablará de este tema, presentamos aquí una breve introducción al mismo.

La actividad de investigar consta de la recopilación de datos, la retroalimentación (feedback), la planeación basada en los datos, y la acción (modificación deseada de la conducta grupal y/u organizacional). Éste es el camino por el cual hay que guiar al cliente, para que mediante este proceso pueda continuar solucionando los problemas y desarrollando las habilidades de su organización.

Como se ve en este modelo, el consultor hace un diagnóstico con su cliente, lo cual resulta ser una planeación conjunta de la acción. Las normas de conducta son identificadas con la retroalimentación al grupo. La valoración de la conducta es, en efecto, una imagen de la organización tal como existe en la actualidad.

Posteriormente, la planeación de acción conjunta y la evaluación del grupo que conduce a una nueva conducta aporta la recopilación de datos con el sistema cliente y una nueva determinación de metas. De nuevo, hay retroalimentación al grupo cliente y discusión de esa retroalimentación. Esto desemboca en la planeación de acción conjunta por el grupo cliente. La nueva conducta que emerge es evaluada y el gerente de línea puede ahora determinar si su problema está resuelto.

La información de acción es, pues, un ciclo de actividades; sus primeras fases son: recopilación de datos, diagnóstico, retroalimentación al grupo cliente, planeación de la acción y acción. El mismo problema podría ser tratado a través de varios ciclos, o el cliente podría proceder a la solución de otros problemas mediante el empleo de este modelo de investigación de acción. Probablemente, el papel más importante del consultor sea "enseñar" y transferir al cliente y al sistema cliente el mismo proceso de investigación de acción.

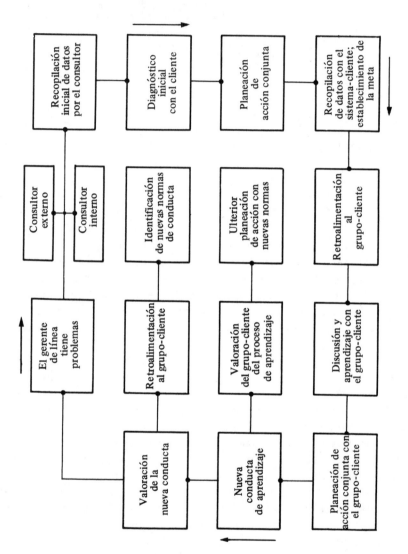

Figura 2.1. Investigación de acción.

38

Unidad 3

Construcción
de un mapa
de diagnóstico

Cuando el consultor interviene en una organización, gradualmente va construyendo un mapa de diagnóstico de la organización-cliente. El mapa contiene naturaleza, síntomas y problemas de la estructura de la organización; además, ofrece una lista informal verificable, la cual puede ayudar a una más adecuada elaboración del diagnóstico. Téngase en cuenta que en el diagnóstico no se deben confundir los síntomas con la causa principal, a la que hay que atacar objetivamente sin dejarse llevar por prejuicios.

En el grado en que una organización identifica su misión, soluciona problemas para prevenir el logro de tal misión y toma y lleva a cabo decisiones en forma efectiva, en ese mismo grado está operando satisfactoriamente.

Los problemas que suele presentar la organización y sus miembros son:

- ¿Con cuánta emoción los fines de la organización son ofrecidos y esperados?
- ¿Qué equilibrio existe entre la dependencia y la independencia, la conformidad y la creatividad, la sumisión y la libre expresión, la integración y la diferenciación?
- ¿Qué tan efectivas son las relaciones intergrupales en términos de la organización y sus fines?

El grado de emoción depositado depende del conocimiento de cada miembro de la organización y de que sienta o experimente como suyos los problemas y procesos de la organización. Si sólo son sentidos por los altos niveles de la organización, obviamente no son sentidos por los otros miembros de la organización, puesto que no están implicados.

Cuando se encuentra el problema y el grupo se siente implicado, significa que las experiencias propias del grupo son importantes en alto grado y pueden ser utilizadas en la solución de nuevos conflictos en la organización. El personal se concentra en la solución de problemas de todos los miembros de la organización y del grupo;

a su vez, cada miembro estará consciente de un problema fijo a través de su propia experiencia con la nueva situación.

¿Qué es lo que la organización trata de hacer: aumentar su productividad, cambiar su estrategia gerencial, hacer frente a los adelantos tecnológicos, tratar más efectivamente con el ambiente en el cual funciona? Tome cualquiera de estas metas. Las preguntas (en la dirección que marcan las manecillas del reloj) que siguen lo que la organización trata de hacer, se aplican para construir un mapa del diagnóstico de la organización.

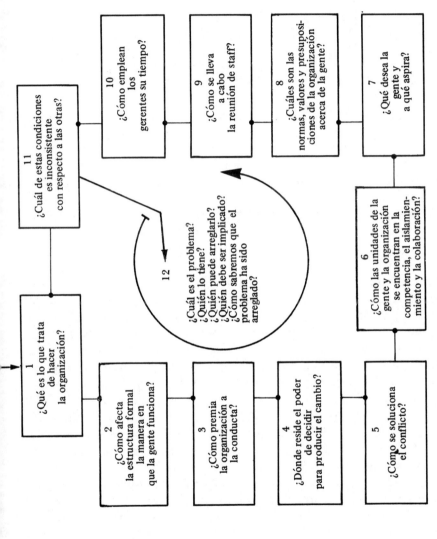

Figura 2.2. Construcción de un mapa de diagnóstico.

1
¿Qué es lo que trata
de hacer
la organización?

2
¿Cómo afecta
la estructura formal
la manera en
que la gente funciona?

3
¿Cómo premia
la organización a
la conducta?

4
¿Dónde reside el poder
de decidir
para producir el cambio?

5
¿Cómo se soluciona
el conflicto?

6
¿Cómo las unidades de la
gente y la organización
se encuentran en la
competencia, el aislamiento y la colaboración?

7
¿Qué desea la
gente y
a qué aspira?

8
¿Cuáles son las
normas, valores y presuposi-
ciones de la organización
acerca de la gente?

9
¿Cómo se lleva
a cabo
la reunión de staff?

10
¿Cómo emplean
los
gerentes su tiempo?

11
¿Cuál de estas condiciones
es inconsistente
con respecto a las otras?

12
¿Cuál es el problema?
¿Quién lo tiene?
¿Quién puede arreglarlo?
¿Quién debe ser implicado?
¿Cómo sabremos que el
problema ha sido
arreglado?

41

Unidad 4

Diagnóstico del D.O. como ciclo de actividad

Trabajar en una autodirección significa ayudar al individuo y a la organización a actuar primeramente bajo la influencia de las fuerzas que ellos mismos generan, más bien que inducirlas. Esto implica una habilidad de la organización para procesar de manera colectiva toda la información válida y para escoger libre e informativamente las metas y los medios de su obtención.

Cuando los esfuerzos del D. O. son dirigidos a los sistemas formales e informales, tienden a centrarse primeramente en el sistema informal que comprende la cultura de la organización. Podríamos definir aquí la cultura como el patrón de actividades humanas o de conducta, y las normas, sentimientos, creencias, actitudes y valores aceptados y propugnados por los miembros de la organización y que determinan dicha conducta. La estimación cultural incluye no sólo la cultura de la organización como un todo, sino también cualquier número de diferentes departamentos o subunidades de la organización.

La construcción de un modelo es una manera por la cual los miembros de una organización pueden tener una imagen de ella más efectiva para ellos; por ejemplo, se podría ver a una organización como aquella que consta de un sistema personal, cultural y tecnológico, y cada uno de éstos, a su vez, contribuyendo en cierto sentido a la prosecución del trabajo de la organización. La construcción de un modelo facilita también la identificación de la interdependencia del sistema: ¿cuál es el sistema de control, de información, de entrenamiento, etc.?, ¿cómo se relacionan mutuamente?, ¿en dónde se apoyan o no?, ¿cómo trabajan juntos para formar un supersistema integrado?, ¿hasta qué extensión cada sistema depende del siguiente?

Lo óptimo del sistema presupone que hay una configuración de sistemas interdependientes que es más ventajosa para lograr los objetivos de la organización que otra posible configuración existente. El problema del diagnóstico es identificar esa mejor configuración y trabajo para lograrla. Esto puede implicar trastornar un estado actual de equilibrio entre sistemas, a fin de lograr el crecimiento; puede requerir cambios políticos y estructurales en la autoridad formal, o que la cultura se refleje sobre su propio campo para ayudar a que los otros sistemas de la organización funcionen.

Se deben valorar las posibles alternativas de cambio en términos de la ventaja que cada una ofrece para conducir a un cambio futuro y a los efectos positivos o negativos que este cambio particular podría tener en otros sistemas de la organización.

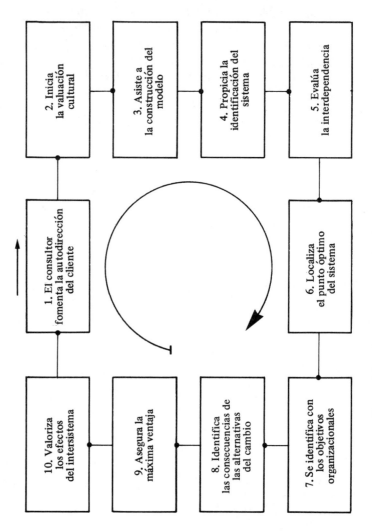

Figura 2.3. Diagnóstico del D. O. como ciclo de actividad

1. El consultor fomenta la autodirección del cliente

2. Inicia la valuación cultural

3. Asiste a la construcción del modelo

4. Propicia la identificación del sistema

5. Evalúa la interdependencia

6. Localiza el punto óptimo del sistema

7. Se identifica con los objetivos organizacionales

8. Identifica las consecuencias de las alternativas del cambio

9. Asegura la máxima ventaja

10. Valoriza los efectos del intersistema

Unidad 5

Diagnóstico del D.O. a través del equilibrio de sistemas y

Se supone que en este diagrama la tecnología, la estructura y la cultura están relacionadas mutuamente. Al moverse la tecnología de los procesos repetitivos a los proyectos en un solo tiempo, la estructura óptima tenderá a moverse de una forma centralizada a una descentralizada.

La cultura de la organización tenderá a responder por sus normas, cambiando de las de baja implicación individual a las de alta implicación. Varias proposiciones ayudan a explicar el modelo, a saber:

1. Los tres sistemas son afectados por un cambio en la misión de la organización.

2. El sistema del personal (cómo los individuos se experimentan a sí mismos, mutuamente y a la organización) afecta y es afectado por los tres sistemas.

3. Cualquier sistema puede ser la causa de un cambio en cualquier otro sistema, o sea, puede operar como una variable independiente.

4. Alguna forma de equilibrio entre los sistemas se logra rápidamente por la mayoría de las organizaciones.

5. Por lo común, este equilibrio es menor u óptimo en términos de la misión de la organización y altamente resistible al cambio.

6. Para cambiar a una organización, estos sistemas necesitan ser capaces de reajustarse (por la gente que los controla) para lograr un nuevo equilibrio.

7. Este nuevo equilibrio será casi seguramente más de apoyo para la misión de la organización y para las necesidades individuales de los miembros.

8. El proceso de la identificación del sistema, del descongelamiento, del cambio y del recongelamiento:
   • Duplica la manera en que la gente aprende.

- Puede ser aprendido por una organización como un todo, estando apoyada por las normas apropiadas de la organización.
- Puede llegar a ser un proceso en marcha en cada subunidad de la organización.
- Es el total objetivo tanto del desarrollo de la organización, como de la administración progresiva.

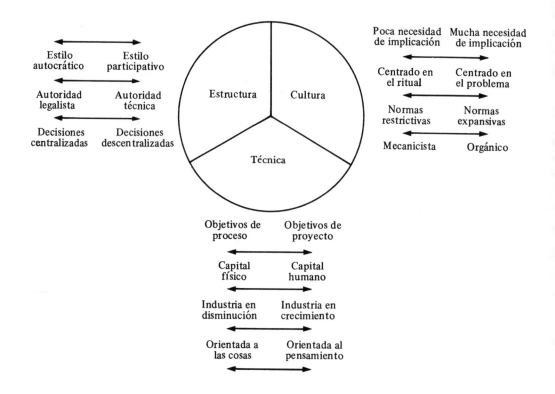

Estilo autocrático — Estilo participativo

Autoridad legalista — Autoridad técnica

Decisiones centralizadas — Decisiones descentralizadas

Poca necesidad de implicación — Mucha necesidad de implicación

Centrado en el ritual — Centrado en el problema

Normas restrictivas — Normas expansivas

Mecanicista — Orgánico

Estructura   Cultura   Técnica

Objetivos de proceso — Objetivos de proyecto

Capital físico — Capital humano

Industria en disminución — Industria en crecimiento

Orientada a las cosas — Orientada al pensamiento

Estos tres sistemas de organización son interdependientes y tienden hacia un estado de equilibrio entre sí. Cuando la organización propende a sobrevivir y a crecer, el D.O. está logrando ese equilibrio eficientemente.

Figura 2.4. Diagnóstico del D. O. a través del equilibrio de sistemas.

Unidad 6

Diagnóstico del D.O. por diferenciación e integración

A medida que las organizaciones se hacen más grandes y complejas, necesitan una creciente especialización técnica y más sistemas de control sofisticados. Determinada organización puede requerir cierta cantidad de cada uno de ellos para ser lo más efectiva posible. Cuánto de cada uno de ellos y cómo la especialización está centralizada de hecho, constituye un problema principal de diagnóstico, tanto para la gerencia como para el consultor de D. O.

Diferentes tipos de organizaciones tienden a funcionar mejor con distintas clases mixtas de especialización y centralización. Ésta es la razón por la cual las reglas generales para planear el trabajo y estructurar la autoridad pueden ser inapropiadas en determinada organización. Ésta es también la razón por la cual a muchos gerentes les resulta extremadamente difícil transferir su experiencia de una industria a otra.

El diagnóstico de una organización que usa este modelo debe proceder tanto de la subunidad al todo como del todo de la organización a sus partes. Frecuentemente, un grado de integración apropiada al nivel del todo de la organización es muy inadecuado dentro de una subunidad, o viceversa.

En el siguiente diagrama se presenta un ejemplo que se pudiera tener en cuenta análogamente en las industrias o empresas según su propia estructura.

- Un concepto técnico-estructural.
- Propone una relación normativa.
- Ayuda a identificar direcciones del cambio.

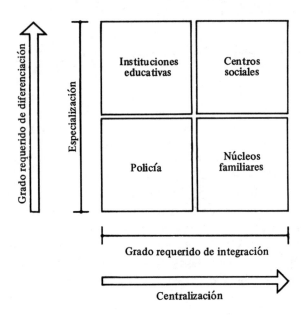

¿Cuánto de cada uno es ideal para esta organización?

Figura 2.5. Diagnóstico del D O. por diferenciación e integración.

Módulo III

Planeación

Unidad 1

Las fuerzas del cambio

En las situaciones en que se intenta el cambio, el consultor se encuentra tratando con fuerzas que ayudan a tal cambio (fuerzas impulsivas) y con fuerzas que se le oponen (fuerzas restrictivas).

Kurt Lewin, quien desarrolló el análisis de fuerzas, afirma que la relación dinámica que se obtiene entre estas dos fuerzas se puede cambiar en una de dos direcciones: añadiendo o aumentando las fuerzas impulsivas, o removiendo o disminuyendo las fuerzas restrictivas. Puesto que un aumento en las fuerzas impulsivas es susceptible de ser acompañado por un incremento en la tensión o conflicto (en cuanto que las fuerzas restrictivas tienden a compensar), el consultor debe trabajar en identificar y aminorar las fuerzas restrictivas, antes de que se haga cualquier intento de aumentar las fuerzas impulsivas.

Esta figura es un instrumento de diagnóstico para identificar las fuerzas impulsivas y restrictivas. La fuerza de la tarea o los grupos para solucionar problemas comúnmente usan estos pasos simples para una buena ventaja en el desarrollo de un tentativo plan de acción.

El *Brainstorming* es una técnica útil para desarrollar dicho plan. Frecuentemente, el problema llega a ser un síntoma y aparece un nuevo problema sujeto a análisis. A menudo se identifica que las primeras fuentes no empleadas para solucionar el problema aminoran las fuerzas restrictivas; aún más, su mera identificación mueve al problema hacia la solución.

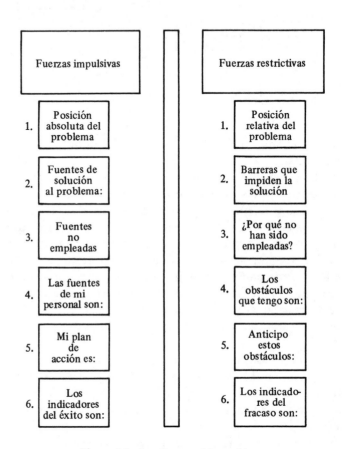

Figura 3.1. Las fuerzas del cambio.

Unidad 2

Empleo
de normas alternativas

Este diagrama contrapone el estilo gerencial (según los cuatro de Likert) con las normas de la organización o de la unidad existentes para las diversas fases de la actividad de la organización. Comúnmente, las organizaciones utilizan un conjunto de normas culturales que determinan la conducta apropiada para un tipo general de actividad. Cuando una organización se mueve continuamente del plan a la acción y a la crítica, las reglas de conducta no escritas deben moverse idealmente, del apoyo a un estilo gerencial presente al apoyo a un estilo gerencial muy distinto.

Es habilidad de los gerentes fomentar normas alternativas; usarlas de manera apropiada determina si la cultura apoya efectivamente la particular actividad emprendida por la organización o subunidad en un tiempo específico. El D. O. busca identificar estas normas alternativas y hacerlas disponibles a la organización.

El modelo identifica lo que está típicamente contenido en cada conjunto de normas. Éstas se hallan respectivamente asociadas con las fases de planeación, acción y crítica de las operaciones de la organización. Por último, se pone la cuestión en cuanto a la extensión en que el modelo de políticas y conducta de la gerencia de línea determina la flexibilidad en adherirse apropiadamente a estas variantes normas alternativas de conducta.

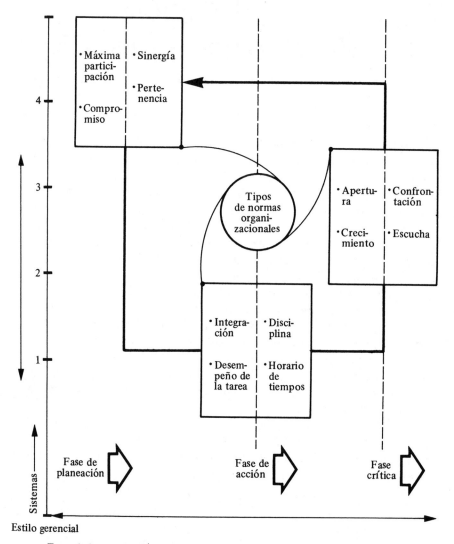

Figura 3.2. Empleo de normas alternativas.

Unidad 3

Cambio estratégico de la cultura-isla

Presentamos un problema de esta naturaleza:

La organización de la unidad A ha sido disfuncional, lo cual ha creado problemas y serias dificultades a ella misma y a la unidad B, con la que se relaciona su trabajo.

El jefe de la Unidad B ha rehusado una confrontación de sesiones con la unidad A, como fue sugerida por un consultor. ¿Qué debe hacer, entonces, el consultor en esta clase de situaciones? La figura 3.3, que presentamos en la siguiente página, muestra una propuesta del cambio de cultura.

El consultor deberá seleccionar una tercera parte de los supervisores en la unidad A, quienes serán sometidos a un laboratorio de entrenamiento, en el cual puedan definir objetivamente la cultura de la unidad A (la línea principal de cultura) y al mismo tiempo otra cultura (la cultura deseada), la cual podría conducir a resolver los problemas con la parte de la unidad A, que había sido afectada.

Los supervisores en la unidad A son sometidos al laboratorio de entrenamiento; en este punto se constituye la cultura-isla, en la línea principal de la cultura. En la cultura principal, los problemas fueron vistos fuera de control, ya que todos ellos fueron causados por otros.

En la unidad A había un pequeño grupo unido emotivamente o que al menos tenía confianza en cada uno de los demás miembros.

El laboratorio de entrenamiento, de hecho, dio cabida a los participantes. Éstos empezaron a creer que el control de los problemas era posible al aceptar la gran responsabilidad de los mismos. Sustancialmente, se observó mayor confianza interpersonal.

La creación de una cultura-isla empezó a afectar a la línea de cultura principal. Por último, penetró a tal grado, que la línea principal de cultura fue cambiada sustancialmente. Esto propició un cambio en la actitud de la unidad B, que fue muy favorable a la unidad A.

Ambas unidades estuvieron trabajando juntas en forma efectiva, y la unidad A consiguió resolver un considerable número de esos problemas y así: "La cultura deseada llegó a ser una realidad".

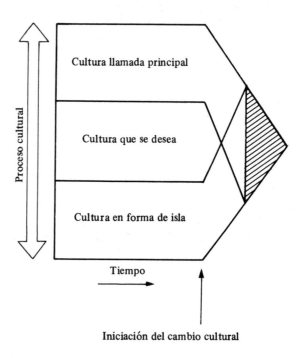

Figura 3.3. Cambio estratégico de la cultura-isla.

Unidad 4

Agenda
de un plan de acción

Esta figura se explica por sí misma. La serie de preguntas propuestas son las que se deberían considerar en la planeación de acción con el cliente. La mayoría de las actividades del D. O. son emprendidas con poca o casi nada de planeación.

La cuestión de la energía para la acción es particularmente importante. La energía está basada, por lo común, en la disonancia entre lo que el cliente desea y lo que está consiguiendo. La disonancia puede también reflejar el deseo de evitar las consecuencias de cierto curso de acción; puede ser producida por el nivel de logro, comparado con el nivel de aspiración. La energía para el cambio basada en la disonancia puede ser aumentada si se prueba que determinado esfuerzo de cambio tiene éxito.

Una energía más grande se puede obtener también, permitiendo que el nivel de disonancia aumente; sin embargo, para usar esta energía, debe existir alguna confianza de que es posible un cambio positivo. Esta confianza puede ser la parte más significativa del aprendizaje que debe resultar de las primeras etapas de cualquier esfuerzo de cambio. Este aprendizaje refuerza todo el ciclo de cambio: de riesgo-retroalimentación-integración-nueva conducta-refuerzo positivo-reducido nivel de disonancia-optimismo aumentado de que el cambio ulterior es posible.

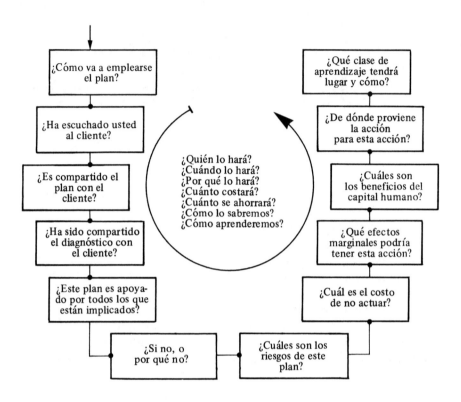

Figura 3.4. Agenda de un plan de acción.

Módulo IV

Ejecución

Unidad 1

Liderazgo
y administración

Para llevar a cabo un programa de D. O., es indispensable tener en cuenta y fomentar una estrecha armonía entre el liderazgo y la administración. Por esta razón, presentamos este tema, ilustrado por la figura 4.1.

Los bloques centrales describen la necesidad de apoyar la tarea o misión de la unidad con bloques iguales cruzados de liderazgo y administrción. Cada bloque de administración se relaciona con su correspondiente bloque de liderazgo. La palabra que marca a cada flecha horizontal describe esa relación. Los bloques a los lados que apoyan a los centrales están relacionados de manera semejante con su contrario en el lado opuesto.

El logro de la tarea de unidad conduce al equipo y luego a la productividad organizacional. Ésta llega a ser una condición necesaria para la producción de bienes y servicios a un precio: el producto social a un costo social. El producto debe ser consumido y el consumo estar equilibrado con la utilidad, así como el uso social con la utilidad social, la que a su vez debe ser comparada con el costo social.

Dado que la gente trabaja sobre todo en grupos, consumen fundamentalmente lo que ellos (y otros como ellos) producen, y deben juzgar la calidad de sus vidas en términos de la utilidad de lo que consumen y del costo (para ellos) de producirlo. La figura 4.1 propone más que meras cuestiones de tarea o de efectividad de la organización; describe una estructura social que se basa en la cualidad y propiedad del liderazgo y de la administración.

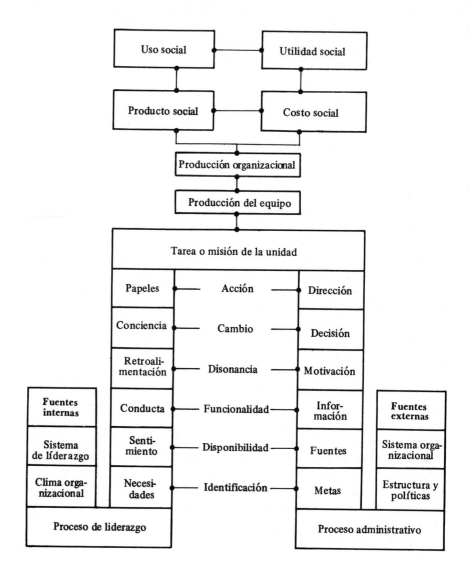

Figura 4.1. Liderazgo y administración.

Unidad 2

El cambio
de conducta

Es conveniente estar sobre aviso de las reacciones que las personas muestran en las experiencias de grupo. Por esta razón, consideramos lo siguiente: al principio, un individuo, en el grupo de laboratorio, probablemente es afirmativo y defensivo en su conducta. Tiende, como resultado del condicionamiento cultural, a estar más interesado acerca de cómo pueda él dominar, impresionar y ganar en los intercambios que tienen lugar. Piensa en cómo él aparece ante los demás y en cómo podría evitar o contrarrestar un ataque anticipado.

La retroalimentación a su conducta por otros miembros del grupo le ofrece la oportunidad de oír cómo los otros sienten que su conducta afecta al grupo y a sus miembros. Para ser efectiva, se da la retroalimentación en una atmósfera de confianza y mutua consideración, minimizando la necesidad del receptor de permanecer defensivo y maximizando su habilidad de llegar a ser consciente y aceptar la manera en que él se ha comportado.

La retroalimentación suele llegar a ser un choque para la persona que recibe la percepción de otra acerca de su conducta. Esta crisis llega a ser productiva cuando el receptor disocia los motivos del dador de la validez de la retroalimentación misma, enfocándose en esta última. Cuando lo hace así, se muestra consciente de las discrepancias entre sus propios sentimientos y la conducta que él está exteriorizando.

El darse cuenta conduce a la experimentación de otras maneras de interactuar. La validación de tal experimentación crea la aceptación de nuevas formas de comportamiento. Con la práctica surge la integración de lo que se ha aprendido. El ciclo termina con una apertura aumentada, lo mismo que con confianza y un comportamiento más auténtico por parte del individuo.

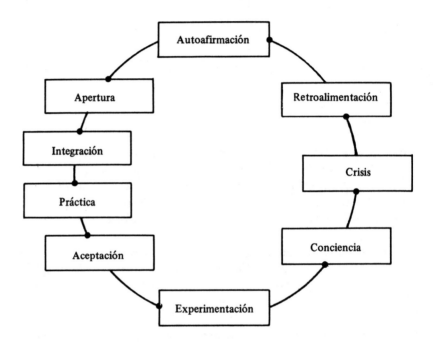

Figura 4.2. Cambio de la conducta.

Unidad 3

Técnicas del D.O.

Generalmente, el primer problema de cambio es la creación de condiciones que animarán a la gente a cambiar sus propias relaciones interpersonales de los patrones de defensa, diferencia, secreto, etcétera, a los de colaboración, mutua confianza, apertura y solución de problemas.

La orientación política que se encuentra en muchas organizaciones resulta en sus miembros estar implicada en luchas de poder. La necesidad estriba en reemplazar la orientación política por orientar al individuo a los problemas reales de la organización. Esto implica educar a los miembros en la conciencia de sí mismos, la tolerancia para la ambigüedad y la penetración comprensiva de cómo la gente se relaciona mutuamente y con las tareas de la organización. Se han diseñado actividades de entrenamiento de laboratorio para esta clase de aprendizaje; de ahí que ésta sea frecuentemente la primera etapa de un esfuerzo de cambio. Durante esta etapa, el consultor está involucrado en observar el proceso del grupo en una forma que permita el aprendizaje y pasar a la acción. Una de sus responsabilidades es ayudar al grupo a identificar los obstáculos y a vencerlos para obtener una comunicación válida. Él ayuda a clarificar los problemas del grupo como los relacionados con su propio proceso; en otras palabras, asiste al grupo para que éste llegue a ser más consciente de la manera en que está trabajando.

La *retroalimentación de datos* consiste en dar a conocer al cliente individual o al grupo, unidad u organización, la información recopilada en las entrevistas y cuestionarios sobre la manera como los miembros de la organización ven sus problemas respecto a la comunicación, estructura, interacción, interpersonal e intergrupal, etcétera. Es crucial que los miembros que reciban la retroalimentación reconozcan que la han producido. Esto se logra más rápido si se reúne la información en base a ser público, y no a ser propiedad exclusiva del consultor.

El *desarrollo de equipo* es generalmente designado a producir habilidades de grupo más efectivas en la realización de las tareas. La naturaleza y cualidad de las relaciones que existen entre los miembros del equipo o entre los miembros y el líder del grupo son generalmente examinadas y evaluadas, lo cual constituye una condición necesaria para trabajar en tareas de grupo. Las diferentes clases de equipos, como equipos formales de trabajo, equipos temporales de fuerza de tarea y equipos recientemente constituidos, requieren distintas habilidades y se debe trabajar en ellas apropiadamente.

La *solución de problemas en intergrupos* trata de asuntos y problemas que surgen cuando dos grupos necesitan trabajar juntos. Funcionalmente, los grupos deben ser interdependientes; de ahí que se enfoque generalmente sobre las habilidades necesarias para proveer de una mejor cooperación entre ellos. La experiencia de un grupo que trabaja en sus propios problemas (desarrollo de equipo) es un prerrequisito deseable para buscarles solución a los problemas existentes entre él y el otro grupo.

Una estrategia básica de D. O. y que tiende a tener el mayor impacto en la organización como un todo, es el empleo de aquellos medios que desembocarán en *un cambio en la cultura de la organización*. Una vez que esto se haya alcanzado, se seguirán normalmente algunos cambios estructurales y tecnológicos. Esto ocurre, en parte, por la fundamental relación que existe entre cultura, estructura y tecnología. El D. O. es esencialmente una estrategia educativa para crear:

• Una cultura abierta para solucionar problemas y un clima también abierto a través de la organización.
• Confianza entre personas y grupos a través de la organización.
• Un incremento en la participación y colaboración entre los miembros de la organización. Los cambios sociotécnicos son más pronto identificables, participados y desarrollados en tal cultura.

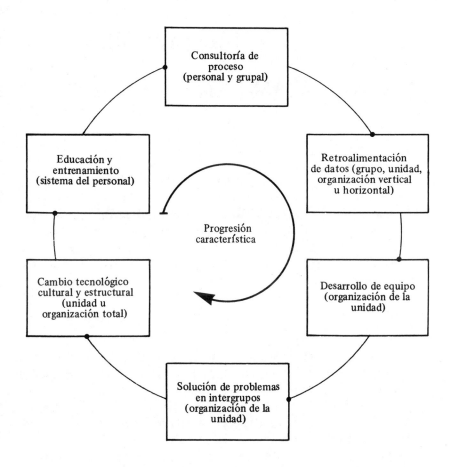

Figura 4.3. Técnicas del D. O.

Unidad 4

Desarrollo de equipo

A

El desarrollo de equipo presupone la existencia de una tendencia a la apertura en las comunicaciones entre los miembros de un grupo y a la cooperación, la cual presupone, a su vez: *a)* que cada miembro tenga los conocimientos suficientes de los papeles que desempeñan los demás miembros del grupo, *b)* que todos estén capacitados a solucionar problemas y a tomar decisiones, *c)* que entre ellos se dé una cultura similar, y *d)* que tengan la habilidad de dar y emplear retroalimentación, la cual:

- Debe centrarse en la descripción de la conducta del individuo, más que en su evaluación; así la persona no será provocada a asumir una actitud defensiva.
- Debe describir la conducta en sus circunstancias concretas.
- Debe ser encauzada a satisfacer las necesidades *del que la emplea* y *del que la da.*
- Debe versar sobre una conducta que sea posible de corregir por el que emplea la retroalimentación, para no frustrar al individuo.
- Debe, en cuanto sea posible, ser pedida y no impuesta.
- Debe darse en el momento más útil, a saber: inmediatamente después de la conducta.
- Debe estar sujeta a comprobación, haciendo que el que emplea la retroalimentación repita el contenido de ésta, y que el grupo, si existe, lo confirme.
- No debe ser aceptada a ciegas por su usuario, sino ser examinada en su contenido por éste para ver si es objetiva, y cambiar así su conducta.

La tabla 4.1 resalta los objetivos y las habilidades que se necesitan para obtenerlos en los esfuerzos de un desarrollo de equipo. Para solucionar más efectivamente problemas, tomar decisiones, etc., las habilidades que se necesitan son aquellas que hacen conscientes a los miembros del equipo de su actual comportamiento, de sus sentimientos y actitudes, etc., según se ve en la tabla.

La habilidad de dar y emplear retroalimentación es especialmente importante; la clave para esta habilidad descansa en un darse cuenta de lo que está pasando en las otras siete áreas enlistadas. La habilidad de dar retroalimentación significa que la persona que informa debe proporcionar una descripción objetiva de la conducta mencionada y de sus consecuencias. Esta descripción no juzga a la persona. El motivo básico de dar retroalimentación es, sencillamente, mejorar las relaciones entre los miembros del equipo. En consecuencia, el equipo aprende a usar y transferir este proceso al trabajo como una práctica común y corriente.

La habilidad de emplear retroalimentación descansa en la propia percepción de uno mismo sobre la conducta informada. Uno no tiene que estar de acuerdo con lo que le ha sido informado de su conducta, pero sí debe considerar seriamente lo que se le informa. A medida que los miembros trabajan en solucionar problemas de tarea, el proceso de tener en cuenta las normas de su grupo, las actitudes y la conducta llegan a ser gradualmente un hábito y, por tanto, una norma transferible a la situación de trabajo. Ciertamente, el test final de cualquier esfuerzo de desarrollo de equipo es la extensión en la que las actividades diarias se emplean por el equipo como oportunidades (a través del proceso de retroalimentación) para un desarrollo ulterior.

Además de estas ideas sobre el desarrollo de equipo, abundemos un poco más en ellas, dada su importancia dentro de un programa de D. O.; sin embargo, antes veamos la siguiente tabla:

Tabla 4.1.   Desarrollo de equipo

Objetivos	*Habilidades*
¿Cómo somos o como podemos:	¿Cuál (es) (son) nuestra (s) :
1. Llegar a ser más efectivos?	1. Conducta?
2. Solucionar problemas?	2. Sentimientos-actitudes?
3. Tomar decisiones?	3. Papeles con quién (es) ?
4. Emplear mejor nuestro tiempo?	4. Habilidad para comunicar?
5. Planear colaborativamente?	5. Aceptación de los demás?
6. Asegurar y controlar la información necesitada?	6. Estilo de liderazgo y gerencial?
7. Administrar y delegar a través de nuestras políticas?	7. Necesidades y frustraciones?

8. Desarrollar normas útiles y culturales a través de nuestra conducta?

8. Habilidad de dar y emplear retroalimentación?

B

Durante los últimos nueve años, la necesidad de poner más atención para incrementar la efectividad entre personas que realizan actividades en el flujo de trabajo se ha venido reconociendo claramente. El desarrollo de equipo es una técnica dirigida a lograr aumentar la interdependencia entre la realización del trabajo y el flujo del mismo. De esta manera, los individuos y el trabajo pueden estar integrados, con crecientes resultados en la productividad y en la significación del trabajo para todos los participantes.

Las razones por las que los grupos existen y perduran son: *a)* su propósito, cumplido tan fácilmente por la actuación singular de los individuos, y *b)* ciertas necesidades que pueden ser satisfechas por la membrecía a un grupo; sin embargo, los pequeños grupos pueden resolver necesidades importantes; la simple existencia de un grupo no garantiza que se ha desarrollado efectivamente. Un conjunto de personas se convierte en un grupo cuando tienen: un propósito en común, conciencia de la pertenencia de los otros a la misma unidad, funciones y relaciones interdependientes, y reglas (normas) escritas o valores que regulen el comportamiento de los miembros. Teniendo en cuenta estos componentes, cualquier grupo es efectivo sólo en el grado en que está capacitado a usar sus recursos individuales y colectivos para lograr su satisfacción individual y la realización del trabajo; por ejemplo: que todos los componentes estén trabajando juntos para lograr un objetivo, en vez de trabajar por separado.

Una organización puede ser imaginada como una red de relaciones. En los últimos años, las organizaciones se han venido complicando de manera creciente, donde los individuos y los grupos están interrelacionados, interdependientes e influyéndose entre ellos a través de su existencia e interacción. En esta situación, la organización y la gerencia deberían estar interesadas en desarrollar relaciones más cohesivas y cooperativas entre los individuos y estos grupos, y su relación con el flujo de trabajo. Llenar sólo los espacios en el trabajo con gente técnicamente competente no asegura de manera automática que las necesidades traídas a la organización son satisfechas por medio de la membrecía organizacional o que la misión de un grupo de trabajo sea llevada a cabo.

Bennis ha dicho que "la falta de adecuación de las organizaciones actuales para hacer frente a la complejidad de los cambios rápidos, las preocupaciones actuales por la conformidad, las necesidades de la individualidad y los problemas de la colaboración humana" son algunos de los principales problemas que afrontan las organizaciones.

El grado en que un grupo puede trabajar efectivamente en un trabajo organizacional y al mismo tiempo convertirse en una satisfacción psicológica para sus miembros, puede estar determinado por diversos aspectos, como su membrecía, el valor del sistema, el estilo de liderazgo, las restricciones estructurales, etc. Una organización no tiene tiempo, ni puede tenerlo, para determinar qué condiciones deben existir para el engranaje de las dos necesidades, a fin de que haya un funcionamiento efectivo del grupo. El desarrollo de un grupo efectivo está determinado por la habilidad que éste tenga para entender tales problemas; por ejemplo, los problemas evidentes de que se realice el trabajo y la solución de los problemas encubiertos, y las necesidades sociales y emocionales de los miembros. Estas necesidades están tan relacionadas entre sí, que si ignoramos su sobreposición sería frustrante. Hasta que el grupo tiene una oportunidad para examinarlo y aprender algo de sí mismo, no puede hacer nada.

¿Cómo pueden, entonces, desarrollarse las organizaciones y llevar a cabo las políticas que les permiten la integración de las necesidades humanas y las demandas organizacionales?

Desarrollo organizacional

En los últimos años, las organizaciones se han dirigido cada vez más a varias fuentes, adoptando nuevos métodos y desarrollando nuevas técnicas para ocuparse de la complejidad de su funcionamiento. Uno de estos esfuerzos es llamado también "desarrollo organizacional", definido como un proceso que emplea los conocimientos y técnicas de las ciencias del comportamiento en un intento por integrar las necesidades individuales de crecimiento y desarrollo con las metas y objetivos organizacionales. Un aspecto crucial de este esfuerzo es el cambio en las normas, valores, patrones o comportamiento. Una estrategia para este cambio es desarrollar un proceso que ayudará a la organización a diagnosticar sus problemas, a planear la forma de solucionarlos y a llevar a cabo el cambio. Un planteamiento fundamental del proceso de D. O. es que, a menos que exista una modificación de ciertos valores para realizar expectativas y requerimientos, las viejas normas perjudicarán la adaptabilidad y la efectividad. En vez de utilizar los métodos tradicionales para llevar a cabo esta modificación, se deberán crear nuevas culturas, puesto que la reeducación no puede darse si se emplean los métodos anticuados. Dos de las intervenciones utilizadas en un esfuerzo de D. O. son los *T-groups* (en inglés, T = training, que quiere decir entrenamiento, es una palabra acuñada por el National Training Laboratories) y el *desarrollo de equipo,* los cuales ayudan a los miembros a mejorar su percepción, conocimientos y habilidades, examinando los antiguos valores y adoptando otros nuevos, libres de viejas restricciones. Los objetivos en el proceso se convierten en una modificación de valores, de estructura y de comportamiento.

Grupos pequeños de investigación y transferencia del aprendizaje

Una de las mayores contribuciones de los T-groups a las dinámicas de grupo es que han venido a hacer sensibles a las personas, y a la complejidad de los grupos, así como al tiempo y a la energía que deben emplear para obtener un funcionamiento efectivo. Las investigaciones y aprendizaje se han venido usando como un resultado del desarrollo y experiencia con los T-groups. En estas sesiones, un grupo se reúne durante un largo periodo y a través del aprendizaje experimental examina las dimensiones de llegar a ser un grupo. En una situación en la que no hay agenda, ni normas, ni reconocimiento, ni líder, el grupo requiere, para tratar el conflicto, interactuar con uno y otro, establecer nuevas normas y examinar los valores y planteamientos que fundamentan el comportamiento de las personas en el establecimiento de un grupo. El comportamiento específico (por ejemplo, ciertos comportamientos impiden el trabajo en grupos, mientras que otros lo facilitan) tiene lugar, relacionado directamente con la buena voluntad y habilidad de los miembros para crear un clima de confianza, en el que el comportamiento y los sentimientos son permitidos. La posibilidad existe para transferir estas técnicas y aprendizaje a un pequeño grupo en el trabajo. Aunque se emplean técnicas similares, ciertas condiciones deben existir para que las sesiones de desarrollo de equipo sean más efectivas; por ejemplo, el gerente deberá estar dispuesto a ser influido por las decisiones y planes del grupo, como resultado de las sesiones. La tabla 4.2 muestra los elementos comunes y las diferencias de los dos modelos.

Tabla 4.2

T-groups	Desarrollo de equipo
1. *Propósito* *a*) Examen de valores, planteamientos, comportamientos en cuanto a la manera como afectan a uno mismo y a los demás.	1. *Propósito* *a*) Examen del proceso de tomas de decisiones, control de resultados, comunicación, autoridad y patrones de trabajo.
2. *Técnicas/acontecimientos* *a*) Interacción entre los miembros.	2. *Técnicas/acontecimientos* *a*) Interacción entre los miembros.
b) Examen de comportamientos y papeles que bloquean o facilitan el aprendizaje.	*b*) Examen de comportamientos y papeles que bloquean o facilitan el aprendizaje y la ejecución.
c) Establecimiento de estilos de liderazgo apropiados a una tarea dada.	*c*) Examen de los efectos de los estilos actuales de liderazgo.
d) Énfasis en la situación de "aquí y ahora" (se refiere a los valores, asuntos y sentimientos en un marco de tiempo específico).	*d*) Énfasis en datos internos del grupo actual (resultados, procesos de toma de decisiones).
e) Examen de las consecuencias de las necesidades emocionales no confrontadas.	*e*) Dependencia de los objetivos proyectados: del contenido y proceso (proceso-trabajo) o del contenido solo.
f) Normas del grupo establecidas.	*f*) Examen de las normas existentes.
g) Experimento para lograr apertura y confianza.	*g*) Planes proyectados para modificar cambios y experimentos.
h) Sin estructuración.	*h*) Sin estructuración, pero flexibles.
i) Sin agenda predeterminada.	*i*) Preplaneado de acuerdo al objetivo proyectado.
3. *Tiempo* Tiempo corto: de tres días a una semana.	3. *Tiempo* De dos a tres días. Para reforzamiento y revisión, tiempo a largo plazo.
4. *Quién* Participantes extraños, más comúnmente.	4. *Quién* Incluye al jefe/subordinados, usualmente grupos formales.
5. *Dónde* Fuera del lugar de trabajo.	5. *Dónde* Generalmente fuera del lugar de trabajo.

Introducción al desarrollo de equipo

Como muchos de los intereses y el aprendizaje de los grupos están relacionados con áreas del problema, "el desarrollo de equipo" es confundido frecuentemente con "sesiones de solución de problemas". En los T-groups, el problema se centra en el aprendizaje sobre el funcionamiento efectivo del grupo; en el desarrollo de equipo, el problema es: "Dado un conjunto de circunstancias existentes, ¿qué se puede hacer para el funcionamiento efectivo del grupo y cómo?" Los dos modelos se diferencian principalmente en los objetivos y en el contenido.

El desarrollo de equipo está basado en el planteamiento de que cualquier grupo está reforzado y capacitado para trabajar con más eficiencia si sus miembros hacen frente continuamente a preguntas como: ¿en qué condiciones podemos aprender mejor la información y habilidades requeridas para ser una unidad de trabajo efectiva?, ¿cómo podemos aprender a usar los recursos que representamos?, ¿cómo podemos comunicarnos con otros para tomar decisiones en equipo?, ¿qué condiciones, normas, planteamientos, áreas de informaciones inadecuadas impiden nuestra realización?

El desarrollo de equipo puede usarse para reforzar a un equipo existente, para suavizar un enfrentamiento entre dos grupos, para establecer un nuevo equipo o para reformar un equipo después de una fusión o reorganización. Una sesión puede ser empezada por un gerente desde sus propias observaciones y experiencias con un grupo, o una unidad puede estar implicada como parte de un objetivo organizacional en marcha.

Como se define en el contexto del empleo de las técnicas de las ciencias del comportamiento, el desarrollo de equipo es: "Un método en el cual los grupos aprenden experimentalmente, examinando sus estructuras, propósitos, establecimiento y dinámicas interpersonales, a fin de incrementar sus habilidades para un trabajo de equipo efectivo."

Un elemento clave en todo el proceso se relaciona con la cuestión de "si en la realidad un grupo designado debería funcionar como un equipo". En algunos casos, un esfuerzo es dirigido primeramente a contestar esta afirmación, mientras que otros esfuerzos están basados en el supuesto de que las exigencias del trabajo puedan dictar la necesidad de un esfuerzo de equipo. Esto es crucial porque podemos muy frecuentemente aceptar ideas/conceptos como panaceas para solucionar problemas. El esfuerzo de equipo y los subsecuentes esfuerzos de desarrollo de equipo deben ser dictados solamente si se ha decidido que este modelo es apropiado e importante para una unidad o una situación de intergrupo.

Ciertas condiciones que tienen una relación directa con el éxito de un esfuerzo son críticas en el inicio de un esfuerzo, pero deben mantenerse durante todo el proyecto.

- Los individuos claves en el grupo de trabajo (o grupos interrelacionados) deben sentir que tienen un problema que resolver y que los esfuerzos serán recompensados en un mejor desempeño del trabajo.
- Los miembros clave deben desear también hacer algo acerca del problema.
- Ellos tienen que identificar y tratar con la totalidad del problema (técnica, organización, asuntos interpersonales).
- Ellos deben aceptar su parte de responsabilidad en resolver el problema.

Modelo de desarrollo de equipo

El modelo ordinario para tal intervención en el contexto del D. O. está en un nivel paralelo con el proceso de un esfuerzo de D. O.

¿Hay en toda organización un sistema informal? Una red de interacción basada en sentimientos, creencias, intereses compartidos; por ejemplo, un grupo de la rama de estadística está al frente como jefe de las líneas exteriores de división. El sistema informal se refiere a esos patrones de coordinación que surgen de entre los miembros de una organización formal que no estaban designados. Muchos de los problemas de importancia psicológica de la organización surgen de la compleja interacción de dos sistemas. El desarrollo de equipos generalmente se lleva a cabo con grupos designados de sistemas formales, pero el sistema informal que podría existir dentro de esos grupos es una variable que afecta y que, por tanto, debe ser considerada.

Tabla 4.3

Proceso de desarrollo organizacional	Proceso de desarrollo de equipo
1. Identificación de los problemas.	1. Los problemas son solicitados por los miembros del grupo —usualmente, los datos son recopilados mediante entrevistas individuales.
2. Establecimiento de las prioridades de los problemas.	2. El grupo decide qué problemas de los datos que tiene seleccionará para trabajar con ellos con prioridad y planeación.

3. Desarrollo y comportamiento de los datos concernientes a esos problemas.

3. Los datos se comparten por todos los miembros (hasta que un grupo haya establecido un clima de confianza, los comentarios específicos son presentados anónimamente).

4. Planeación de acción conjunta (se enfatizan las alternativas).

4. Los planes y compromisos son determinados por el grupo para que sean trabajados e implantados sobre el trabajo.

5. Ejecución y examen de las alternativas seleccionadas.

5. La ejecución puede requerir la cooperación de los subordinados.

6. Revisión periódica y acción ulterior.

6. Mediante la revisión de la ejecución se hacen los cambios, se seleccionan las nuevas alternativas y se efectúa la evaluación.

Variables que afectan a los grupos

Grupos con normas: Estas normas determinan los modos aceptables o inaceptables para el grupo; los premios y las penas; cómo se toman decisiones, etc. En un sentido, tales normas son necesarias como guía, pero pueden conducir al estancamiento de los miembros, que aminoran la habilidad del grupo para enfrentarse a nuevas situaciones que requieren creatividad y flexibilidad.

Las actividades de los individuos hacia el grupo o las actitudes del grupo, y hacia el individuo. Un grupo maduro está dispuesto a emplear las contribuciones de todos sus miembros y las inadecuaciones son aceptadas, en tanto que un grupo inmaduro tiene poca lealtad de grupo y hay poca aceptación de la deficiencia de sus miembros.

Retroalimentación. En muchos grupos puede no haber mejoras porque los miembros no pueden hablar libremente, están incapacitados para señalar comportamientos y políticas no funcionales, no son libres para evaluar propuestas, etc.

Naturaleza y cualidad de las relaciones entre el líder y los miembros. Un grupo inmaduro es altamente dependiente de la autoridad del líder del grupo, en tanto que un grupo maduro reconoce la responsabilidad y obligaciones según algún tipo de autoridad, pero cada miembro trabaja con una conciencia de responsabilidad del grupo de trabajo.

Trato de los conflictos. Un grupo fuerte está capacitado para aceptar y tratar el conflicto que se desarrolla invariablemente cuando las personas trabajan juntas y con intensidad.

Características del proyecto de desarrollo de equipo

Datos (obtenidos del grupo de participantes, antes o después de la reunión). No hay información impuesta para el grupo.

Interacción. En el desarrollo de equipo, la estructura de un esfuerzo, si es de dos o tres días, está construida alrededor, dando a cada miembro una oportunidad para explorar sus conceptos de los resultados implicados en el grupo.

Reunión fuera del trabajo. El compartimiento de datos y la selección de un plan de acción son hechos usualmente fuera del trabajo, para evitar los problemas del trabajo diario.

Uso de consultores. Los consultores se emplean generalmente fuera del trabajo, para entrevistar o reunir los datos de los participantes y proveer una estructura que facilite el aprendizaje (ayudan a tratar con el grupo el proceso de resultados).

Ejercicios. El uso de ejercicios puede alcanzar una simple subdivisión de grupos para métodos específicos; por ejemplo, desempeño de papeles.

Posibilidad para un crecimiento continuo. Como oposición a los T-groups, en los que los participantes generalmente son extraños, en el desarrollo de equipo la membrecía decide las bases de las condiciones de la diaria interacción en el trabajo. Experimentando un nuevo proceso de solución conjunta de problemas, las habilidades y el aprendizaje adquirido pueden ser usados continuamente por los miembros del grupo dentro del trabajo.

Proyectos ilustrados del D. O.

Ejemplo 1. Un ejemplo del esfuerzo del equipo como una parte del programa de D. O. en marcha es el modelo empleado en la Thompson-Ramo-Wooldrige. Su programa de D. O. empezó formalmente en 1962, cuando se estableció una mayor confianza en la carrera del desarrollo. Sus conferencias de desarrollo de equipo fueron desarrolladas para usar el mismo tipo de teoría y práctica del comportamiento de un pequeño grupo de laboratorio, a fin de encontrar soluciones a un problema, como medio para alcanzar un gran número de empleados. Muchos de los participantes en estas conferencias han asistido antes a experimentos de laboratorio, aunque esto no fuera un requisito.

En un sentido, estas conferencias fueron extensiones de las reuniones del staff. En cierto momento durante la vida del staff, un incidente puede enfocar el problema de un grupo y el acuerdo puede ser alcanzado entre los miembros para profundizar en ese problema. El acercamiento general deberá incluir lo siguiente:

- Preparación antes del tiempo planeado para sensibilizar la percepción de los problemas por el grupo y el grado de optimismo para la solución de los problemas (a través de entrevistas).
- Mantener informado al grupo respecto de los resultados de cada paso secuencial en el proceso.
- Un consultor que trabaje con el gerente para obtener su percepción de los problemas que afronta el grupo; su buena voluntad para tratar un diferente modo de resolver el problema del comportamiento; y su seguridad para actuar en los resultados que surgen durante la sesión planeada.
- Una evaluación de los datos que surgen de las entrevistas a través de la retroalimentación a todo el grupo, para reformar las necesidades de las sesiones planeadas.

Comentario

Los rasgos generales de cada T-R-W, "conferencias del desarrollo de equipo", siguieron de cerca el modelo presentado anteriormente. Una diferencia particular era la oportunidad dada para desechar los despojos emocionales de entre las asociaciones interpersonales históricas; por ejemplo, las sesiones T-R-W fueron planeadas siempre como una combinación del proceso (interpersonal)-contenido (tarea).

Ejemplo 2. Desde una diferente perspectiva, la experiencia de Blansfield e Ingmire al construir un grupo idóneo de líderes y administradores describe el proceso que se aplica en la creación de un nuevo equipo y en la educación de las personas para la dimensión del desarrollo de equipo. En esta situación, los participantes, a través de una previa experiencia de trabajo, reconocen la necesidad de incrementar su efectividad en las relaciones interpersonales y aprender algo de métodos y conceptos de una efectiva organización de equipo. El objetivo de tal esfuerzo fue hacer los conceptos del trabajo en equipo disponibles en una experiencia del aprendizaje. En este modelo, el mayor énfasis fue puesto en los efectos del aprendizaje, de facilitar e impedir los papeles en un grupo. Para encontrar este objetivo:

- Los participantes fueron probados en el "Firo-B", a fin de agruparlos, de acuerdo a sus necesidades, para control, inclusión y afecto. (Diseñadas por Schutz, estas pruebas miden seis dimensiones de uno mismo, en términos de "desear para" y "expresión de" las tres categorías que afectan la compatibilidad en los grupos.)
- Los participantes fueron agrupados por características predo-

minantes en el control de los resultados (una alta necesidad de controlar el grupo, un grupo con poca necesidad de control, y un tercer grupo con una alta necesidad del control de sus miembros).

• Estos grupos, en adición a las sesiones de teoría, experimentaron los efectos del papel mediante el establecimiento de una organización para un trabajo específico (para manufacturar tarjetas de felicitación), y las consecuencias de la composición del grupo fueron aprendidas posteriormente.

• A fin de llevar a cabo el aprendizaje, se concedió tiempo para discutir las situaciones dentro del trabajo, según el nuevo aprendizaje y experiencia.

Comentario

Los resultados de este programa indican que:

• El funcionamiento puede ser diagnosticado y la acción reparadora puede ser tomada para incrementar la efectividad del grupo.

• El cambio puede hacerse en la composición de un equipo, en vez de sobre bases casuales o arbitrarias.

Ejemplo 3. Este ejemplo ilustra el trabajo implicado en la construcción de una situación de enfrentamiento de un grupo. Este modelo no implica la aplicación y utilización de las técnicas usuales (entrevistas, ejercicios, reuniones fuera del trabajo, etc.), pero se refiere al desarrollo de equipo en un sentido general de modificación/esfuerzo entre dos grupos.

Durante el diseño que hizo la NASA del proyecto Apolo en 1960, un gran número de contratos aguardaban a las compañías privadas, para la manufactura de las distintas partes componentes. Los altos aspectos técnicos del proyecto y la necesidad de encontrar programas y requerimientos para evitar imperfecciones, hicieron evidente que el trabajo pudiera ser completado de manera efectiva sólo a través de la más íntima integración de recursos entre la NASA y el contratista. Algunas de las condiciones requieren llevar a cabo la integración relacionada con la necesidad de nuevos sistemas gerenciales. El punto que se debe enfatizar aquí es que la NASA estaba consciente de las condiciones que deberían ser creadas para el funcionamiento efectivo del equipo.

1. Será necesario acoplar ambas estructuras (industria y gobierno) para acomodar los nuevos requerimientos.

2. La confrontación personal sería decisiva y a los individuos les fue dada la autonomía y libertad para enfrentarse entre ellos

directamente; en otras palabras, sabiendo que un sistema informal se desarrollaría descuidando la estructura formal, dicho sistema fue alentado y apoyado por procedimientos sistemáticos.

3. El sistema de recompensa y castigo fue definido y comunicado a todos los miembros (con un costo adicional, honorarios e incentivos para una mayor realización).

4. El papel de la figura autoritaria fue definido y comunicado, y se establecieron sistemas para apoyar sus responsabilidades.

5. El énfasis se puso en la "flexibilidad": las reuniones regulares para proyectar fueron libres, a fin de cambiar direcciones y prioridades en cualquier momento.

6. Los presidentes y suplentes de la compañía de las partes críticas fueron llevados a la NASA para que observaran primero las consecuencias del fracaso, y así ayudaran a incrementar el sentido de "colaboración" y la necesidad de cada compañía a contribuir con su especialidad como parte del éxito total del proyecto.

El tema se refiere al desarrollo de equipo como un esfuerzo y como un método de intervención en la resolución de problemas dentro del grupo, con el fin de que haya un funcionamiento más efectivo. Los planteamientos, modelos, procesos, etc., son tan aplicables al enfrentamiento entre grupos, como en las actividades dentro del mismo. Este último ejemplo menciona el esfuerzo entre una situación interna y otra externa de los grupos. El desarrollo de equipo puede ser extensivo en la situación de pioneros en operaciones en el campo, en el trabajo gerencial, etc.

El desarrollo de equipo es más complejo que el desarrollo personal, y nosotros apenas sabemos algo de éste, aunque los descubrimientos de un pequeño grupo de práctica hayan aumentado nuestra comprensión de él. Lo que sabemos acerca del desarrollo de equipo es lo siguiente:

- Los equipos tienen que interactuar y enfrentarse exitosamente para sobrevivir.
- Los grupos deben desarrollar normas internas y funciones pertenecientes a su tarea y a las necesidades de la membrecía.
- El tiempo y la continuidad son importantes para que ocurra el desarrollo del grupo.
- Un grupo tiene la habilidad de enfrentarse a su medio, a los requerimientos de la tarea y a las necesidades de la membrecía si al proceso de desarrollo lo considera dependiente del examen y del trabajo, más que del supuesto de que un grupo efectivo se desenvolvió naturalmente.
- Todo supervisor puede emplear esta técnica para una utilización más efectiva de los recursos humanos.

Unidad 5

Caso
de desarrollo
de equipo

**Reorganización de una cadena de tiendas
de venta al por menor**
(Un esfuerzo de cambio durante el periodo de 3 a 12 meses)

A. Procesos

Pasos

I. *Situación*

a) El gerente general de una cadena de tiendas al por menor desea aumentar considerablemente sus ganancias.

b) Considera que la conducta de su staff (generalmente comerciantes especialistas) es un obstáculo; por tanto, desea cambiar el modo de obrar de ellos. Éstos pretenden tener gran control sobre los gerentes de las tiendas y el respaldo decisivo del gerente general. Éste cree que a los gerentes de las tiendas (él fue uno de ellos) debe dárseles más autonomía y que el staff debería realizar más de lo suyo, antes de volver a formularle nuevas peticiones de refuerzo. Le parece que el staff está frustrado. Quizá piensen que él es débil.

c) Cerca de la mitad del tiempo del gerente general y de su staff está consagrado a inspeccionar las tiendas, lo cual consideran de provecho para los gerentes. Nosotros no sabemos cuál es su opinión acerca de las visitas.

d) El gerente general ha asistido a una reunión de desarrollo de equipo en las oficinas principales y desea una reunión semejante para él y para su staff.

Comentario

Esta organización muestra signos de enfermedad organizacional.

a) Las metas del gerente general no están definidas; debe especificarlas y reforzarlas con medidas prácticas.

b) El gerente general ha hecho una privada evaluación de las fuerzas que ayudan y de las que contrarrestan. Escoge el método de obrar, del staff, como variable clave. Diagnostica la situación basado en su propia observación; no ha recurrido a la percepción de otras personas. El staff quiere pasar la responsabilidad al gerente general.

Pasos

II. *Reunión del gerente general con el consultor*

El gerente general describe al consultor sus objetivos de ganancias y su diagnóstico del problema. Ambos están de acuerdo en que debe consultarse al staff, para ver qué opina acerca de una reunión de desarrollo de equipo.

Comentario

El gerente general se decide a buscar ayuda.

Pasos

III. *Reunión del gerente general, el consultor y el staff en una reunión regular del staff (una hora)*

El staff está de acuerdo en llevar a cabo dicha reunión de desarrollo de equipo.

Comentario

Aquí comienza el trabajo conjunto.

Pasos

IV. *Recopilación de información (una hora por entrevista)*

El consultor entrevista a los miembros del staff individualmente para que den su opinión sobre los cambios que quieren y sobre cómo ellos y el gerente general funcionan como equipo.

Comentario

Tener información de todos es un requisito indispensable para el trabajo conjunto. Esto no es tan simple como parece. No somos tan explícitos como creemos. Hay varias maneras de comenzar; una de ellas es la entrevista (otras pueden consultarse en la unidad denominada "Métodos").

Pasos

V. *Reunión de desarrollo de equipo con el gerente general y el staff (2 1/2 días) a)* El gerente general invita al staff a exponer sus quejas. Ellos lo hacen así y sucede lo siguiente: *a)* el gerente general no apoya sus directivas para con los gerentes de las tiendas, *b)* él no cerrará las tiendas que no dan ganancias, y *c)* él no despedirá a los gerentes incompetentes de las tiendas, a pesar de las repetidas recomendaciones del staff. En su consideración, se muestra débil e indeciso. Después de una larga discusión, el gerente general acepta algunas de sus recomendaciones y en otras se compromete. En seguida, da retroalimentación al staff sobre su insatisfacción con su manera de actuar.

b) Al seguir trabajando en sus deseos y relaciones, el equipo desarrolla un sentimiento apasionado. Los miembros del staff ahora desean incluir a los gerentes de las tiendas en su equipo.

c) El gerente general anuncia formalmente una meta ambiciosa de ganancias.

d) Después de un análisis minucioso y un debate acalorado, los miembros del staff están de acuerdo en la meta del gerente general y en seguida hacen una lista de los pasos necesarios para alcanzarla, entre los cuales los más significativos son:

- Al reconocer que el logro de esta meta requiere el mismo compromiso de los gerentes de las tiendas como ellos lo sienten ahora, así como un cerrado trabajo de equipo entre ellos, los miembros del staff recomiendan que el gerente general conduzca una reunión similar con los gerentes de las tiendas, seguida de una reunión conjunta de estos últimos y el staff.
- Se dan cuenta de que ellos han actuado muy celosamente para con las tiendas, un papel que ahora quieren descartar. Para permitir mayor intercambio entre ellos y los gerentes de las tiendas, desean cambiar la naturaleza de sus inspecciones de las tiendas.
- Introducen una innovación: invitarán a un grupo representante de los gerentes de las tiendas a participar en el desarrollo del estándar del presente año sobre el desempeño de los gerentes de las tiendas.

Comentario

Esto es desechar lo inservible de tales reuniones. En cuanto se trata de los intereses personales, la gente en el grupo se siente ansiosa al dirigir sus energías a las metas del grupo. El proceso es purificativo, pero también conduce a otros cambios indispensables. Es una acumulación de vistas que aclara más la situación. En este caso, el gerente empezó suponiendo que el mayor problema era que el staff no entendía su papel a desempeñar; sin embargo, la frustración de él apunta a otra dificultad que él comienza a captar: a veces es indeciso.

b) Una nueva experiencia permite al staff advertir otras maneras de tratar sus relaciones con los gerentes de las tiendas. Un objetivo primordial del D. O. es escapar a los límites de soluciones convencionales.

c) El anuncio de una meta específica de lucro en este lugar sirve como mayor estímulo para el grupo; sin embargo, hasta ahora, la meta es aún un sueño. Es interesante hacer notar que al principio de la reunión, los miembros insisten truculentamente en que su única razón de ser es la ganancia. Al final de la reunión hay un cambio en el énfasis: la ganancia es una medida de ellos como equipo.

d) Los miembros del staff comienzan a planear la manera de unir a la gente instrumental al cambio. Ahora tienen un estándar más elevado para el acercamiento de estas uniones de relaciones. Éstos son conceptos fundamentales del D. O.

Pasos

VI. *Visitas del consultor a varias reuniones bisemanales sucesivas entre el gerente general y el staff (un día cada una)*

El consultor pide al grupo su opinión acerca de su progreso. Hay dificultades recientes en cada caso: han aparecido factores no previstos y se han suscitado nuevos asuntos entre ellos que el grupo no había considerado. Unos piensan que el gerente y ciertos miembros del staff no quieren hacer frente a sus compromisos. Finalmente, estos problemas son afrontados y resueltos.

Comentario

Lo normal para el curso. Nada está fijo. Después de varias experiencias, los miembros del grupo se dan cuenta sinceramente de algo a lo que estaban aferrados: nadie puede cambiar su conducta característica sin un refuerzo repetido; ni el gerente general ni otra persona sola puede sobrellevar la responsabilidad de todos los compromisos adquiridos. Cada quien tiene que asumir la responsabilidad de ayudar a otros a mantenerse honestos.

Pasos

VII. *Reunión entre el gerente general, el staff, cuatro gerentes de tiendas y el consultor (1 1/2 días)*

Ésta es la reunión sobre los estándares de desempeño recomendada por el staff en la reunión de desarrollo de equipo.

a) Los cuatro gerentes de tiendas son aleccionados acerca de la primera reunión y la nueva meta de ganancias. Ellos discuten ésta.

b) Los gerentes de tiendas están de acuerdo en que, para lograr la meta, se les debería dar más valor a los estándares de desempeño y que las relaciones entre el staff y los gerentes de tiendas deberían cambiar.

c) Los gerentes de tiendas cuestionan seriamente la utilidad de las inspecciones de las tiendas; el gerente general está de acuerdo en mejorarlas, pero no en reducir su frecuencia.

Comentario

Esta reunión también sirve para fomentar las relaciones entre el grupo de gerentes de tiendas. Se invitó a éstos, quienes fueron explícitos y muy respetados por sus compañeros. Decidieron conjuntamente en la reunión que los gerentes de las tiendas no deberían actuar como "paleros" dentro de su grupo, sino que deberían sentirse libres de discutir cualquier aspecto de la reunión, de acuerdo a su propio juicio.

b) La meta llega a ser más real a medida que se intensifican los riesgos personales; a su vez, esto enfoca la atención a la necesidad de mejorar el modo de ayudarse mutuamente.

c) El gerente general todavía se siente comprometido para dejar que los gerentes de tiendas se desempeñen con libertad.

Pasos

VIII. *Reunión de desarrollo de equipo con el gerente general, los gerentes de las tiendas y el consultor (2 1/2 días)*

a) El gerente general establece el escenario de esta reunión e invita a los gerentes de tiendas a que expongan sus problemas, incluyendo los que tengan con él, y les dice que ellos están ahí para analizar su patrón de trabajo y para elaborar uno nuevo, de una manera mejor. Todas sus decisiones primordiales serán discutidas y él está preparado para participar.

b) Como en la reunión de desarrollo de equipo de staff, cuando se examinaron asuntos y sentimientos, el grupo experimenta un sentido de unidad.

c) Exploran de qué manera podrían dar mayor ayuda en los métodos de ventas los miembros del staff, los otros gerentes de tiendas o los experimentados gerentes de departamentos.

d) Su solución al problema con el staff es hacer a éste conjuntamente responsable de la efectividad de la venta en las tiendas. Sólo el gerente general es el policía; una revisión trimestral del desempeño de los gerentes de tiendas contra sus estándares anuales será su principal medio de control.

e) El gerente general aún no está listo para contestar a esta recomendación o a la de las inspecciones de las tiendas, pero las pospone hasta que se lleve a cabo la reunión intergrupal entre los gerentes de tiendas y el staff.

Comentario

a) A estas alturas, el gerente se da cuenta claramente de que él está y desea estar implicado en un proceso de mayor cambio. A su modo, establece claramente el proceso de cambio en un sistema humano: un periodo de descongelamiento del viejo sistema, explorando y decidiendo sobre nuevos caminos a seguir, y volviendo a congelar. A medida que él y el grupo se libran del viejo sistema, sus horizontes se amplían, y experimentan un sentimiento de poder, aumentado para determinar su propio destino. Si es necesario, lucharán con las oficinas principales.

b) La escena se torna más evidente. Sin excepción, cada gerente de tiendas se muestra fuertemente motivado para realizar un mejor trabajo, aunque muchos de ellos se sienten maniatados por una necesidad de protegerse del staff. Habían sido acosados por los policías y juzgados por los jueces, siendo que lo que ellos necesitaban era gente que les ayudara. Ahora que ven la posibilidad de rehacer su mundo de trabajo según su gusto, están excitados.

c) Comienzan a diseñar un nuevo mundo.

d) Hay una solución creativa.

e) El gerente general se da cuenta de que está en un periodo de exploración en el que las decisiones retenidas no significan indecisión; por otra parte, él todavía necesita dar a conocer sus puntos de vista con el entendimiento de que son tentativas. El intercambio ha hecho que el grupo confíe en que él puede hablar libremente sin inhibirlos.

Pasos

IX. El gerente general hace una visita en cuatro etapas para negociar individualmente con cada gerente de tienda sobre su estándar en el desempeño para el año actual. El staff ya no participa en el establecimiento de estándares a los gerentes de las tiendas.

X. *Reunión de desarrollo de equipo entre el staff y los gerentes de tiendas, con el gerente general y el consultor (2 1/2 días)*

a) Cada grupo presenta al otro sus quejas.

b) Los gerentes de tiendas presentan su solución:

• El staff debe tener relaciones menos cerradas con el gerente general; en lugar de esto, debe asociarse con ellos, tomando derechos y responsabilidades iguales.

• Asimismo, los gerentes de tiendas trabajarán conjuntamente con sus gerentes de departamento en las tiendas.

• Después de mucho probar y sondear, este concepto es aprobado y aceptado por todos, incluyendo al gerente general.

c) En plenas confrontaciones, trabajando conjuntamente en pequeños grupos, los gerentes de tiendas y los miembros del staff revelan qué les gustaba y qué les disgustaba de sus pasadas relaciones y cómo deseaban tener un nuevo contrato.

d) El gerente general está de acuerdo en que no habrá más inspecciones rutinarias y que cuando éstas sean necesarias al grupo de inspectores, incluirá gerentes de tiendas, pero no el staff. En el futuro, el propósito de inspección será solucionar problemas, y no buscar culpables.

e) Están de acuerdo en que cualquier gerente de tienda puede pedir, en el momento en que lo desee, ayuda, incluyendo a otros gerentes de tiendas y de departamentos.

f) Deciden que sus revisiones trimestrales de desempeño con el gerente general deberán ser conducidas en todo el grupo, para que puedan aprender y ayudarse mutuamente sus miembros, así como para mantener la disciplina del grupo. Estas mismas reuniones servirán también para formular críticas del progreso del grupo como equipo. Deciden invitar al vicepresidente a estas reuniones.

Comentario

Estas negociaciones resultan más realistas debido al aumento de confianza.

a) Nuevamente se desecha lo inservible. No hay muchas sorpresas esta vez.

b) Esta recomendación ha removido implicaciones. Para el staff, esto significa una separación del nivel de organización del gerente general con una implicación de pérdida de estatus y de poder; sin embargo, el staff está descontento con esto. Le parece que tendrían más influencia si trabajaran con los gerentes de tiendas, sin distinción alguna en el rango. Para los gerentes de tiendas, esta recomendación significa confiar en el staff suficientemente para darle un completo acceso a sus tiendas. Para ambos, esto significa estar deseosos de resolver los asuntos entre ellos. Para el gerente general significa un aparente aislamiento. El staff ya no puede servirle con sus agentes de inteligencia o ayudarle a tomar decisiones sobre los gerentes de tiendas; sin embargo, el gerente general confía en su compromiso de trabajar responsablemente. Los fortalecidos lazos personales han contribuido a mitigar su sentimiento de aislamiento.

c) Están fortaleciendo cada vez más las relaciones y llegando hasta los detalles.

d) Una nueva confianza y nuevas maneras de trabajar reducen la dependencia del gerente general de los controles tradicionales. Esto significa atacar al sistema porque las inspecciones regulares son una práctica estándar de la compañía. El gerente general ha preparado ya el camino para esto, informando al vicepresidente de lo que estaba haciendo. (Nunca desprecia las conexiones con los niveles más efectivos de gerencia.)

e) La cultura está cambiando del aislamiento, espíritu defensivo, la competencia destructiva, a una competencia abierta con colaboración, a la que los participantes ahora ven como de mutuo beneficio y satisfacción personal.

f) Aquí hay una prueba de su nivel de confianza aumentado. Ésta es una decisión creativa y muy importante. Realiza dos cuestiones básicas para el cambio mediante los métodos de D. O.: primero, todo el grupo asume la responsabilidad del cambio en su administración; la colaboración del grupo y su disciplina sustituyen los ineficientes controles gerenciales; y segundo, se desarrolla un mecanismo rutinario para una crítica periódica. En el D. O., una crítica periódica por el grupo es un método básico para conservar más confianza y ajustar la dirección de ésta.

Pasos

XI. *Situación actual*

El cambio básico en la situación ocurrió en cuatro meses; en efecto, el cambio en las relaciones permite modificar gran cantidad de energía y talento, así como vigilar, atacar y defender, y de plena enfermedad a una ayuda mutua. La energía gerencial ahora se desplaza en la misma dirección.

Una característica significativa del equipo gerencial después de estos eventos es que éste ha desarrollado gran cantidad de sofisticación y cómo llegó él ahí y qué es lo que debe hacer para mantenerse en progreso.

Los miembros del equipo han elaborado un código para poner en guardia al que comienza a escabullirse, es decir:

- a no confrontar los asuntos,
- a no escucharse mutuamente,
- a no vivir de acuerdo a los compromisos, y
- a tratar de hacer las cosas sin buscar colaboración.

Comentario

En cuatro meses esta organización ha pasado del estado enfermizo al saludable. A través de este proceso se han llevado a cabo muchas características del D. O.

Valor y persistencia son condiciones principales del gerente de este cambio. Necesita la fuerza de escuchar para darse cuenta de sus defectos y fallas sin atacar, para asignarse en lo que debe y para tratar esto con su jefe y con otro ejecutivo de influencia cuando necesite hacerlo. Necesita persistencia ante las demandas de competencia de fuentes y de su tiempo, para así llevar a cabo el proceso del cambio y apegarse a él. Requiere mucha energía y dinero llevar a cabo esta clase de cambios.

B. Observaciones

Este caso hace resaltar algunas fases fundamentales en el D. O.

Establecimiento de metas

El realismo de las metas depende de nuestro verdadero compromiso con ellas. Los elementos de un verdadero compromiso son: que el mismo jefe sea fiel a él y que le signifique tanto, que lo arriesgue todo por él; que la meta sea completamente discutida y entendida por todos, y que las condiciones de su logro, tales como medios, estándares, recompensas, riesgos, etc., sean entendidas y ampliamente aceptadas. Para su éxito, este proceso complejo depende de la confrontación y de la franca discusión.

Entendimiento de la situación

El cambio por los métodos del D. O. requiere que el entendimiento sea unido y que incluya una madura comprensión de sentimientos y necesidades personales que influyan en la conducta. Es gradual el compartimiento de este tipo de información, basado en una confianza evolutiva, que a su vez tenga como fundamento la voluntad de expresar sentimientos y deseos.

Mejoramiento de las relaciones

Este mejoramiento es un, continuo producto adyacente del cambio por los métodos del D. O. Conceptualmente, los medios son sencillos: hacen aflorar los asuntos y los sentimientos positivos entre la gente; así, ellos comienzan a valorizar más la satisfacción que puedan obtener trabajando juntos.

Trabajar con las fuerzas en la situación

El cambio en un sistema humano depende del equilibrio de las fuerzas existentes en él, según Kurt Lewin; por tanto, si el lector está interesado en un cambio particular, debe hacer un inventario de las fuerzas implicadas en él. Nosotros hacemos esto instintivamente, pero también podemos abrir nuevas posibilidades siendo más sistemáticos, como lo veremos en la siguiente unidad, denominada "Métodos". Lewin observó que la resistencia al cambio se puede tratar con dos métodos: a) ejerciendo presión contra la resistencia, o b) reduciendo la resistencia. El problema que se presenta al ejercer presión (con órdenes o exhortación) es que hay tendencia a que aumente la resistencia. Así, aun cuando se puede lograr el cambio, este método consume más energía y provoca mala voluntad o conflicto; por lo contrario, *es más exitoso* reducir la resistencia al cambio *a través del trabajo participativo de grupo*.

Vinculación

Una estrategia fundamental del D. O. es vincular a la gente, que son fuerzas significativas en el cambio. Para esto, el desarrollo de equipo es un método muy apropiado. No todos los vínculos necesitan ser muy estrechos. Es imposible cambiar una parte del sistema humano sin afectar a las demás. Si éstas se encuentran enfermas, pueden detener el crecimiento en las partes que se están desarrollando; por otro lado, la influencia benéfica del crecimiento en una parte de la organización se puede sentir en las otras.

Unidad 6

Métodos

Esta unidad comprende cuatro secciones:

a) La primera describe reuniones para provocar el cambio.

b) La segunda ofrece una serie de métodos para conocer las condiciones actuales dentro de una organización.

c) La tercera subraya algunos métodos para mejorar la calidad de las reuniones.

d) La última presenta gran cantidad de situaciones estructurales que han probado ser útiles para cambiar la cualidad de las relaciones humanas.

En las siguientes páginas se anexan mapas, los cuales muestran cómo los métodos están combinados para los típicos intentos del D. O.

Además de describir cada método, indicamos cómo se podría aplicar, cuáles parecen ser sus beneficios y limitaciones y qué sugerencias operacionales podríamos hacer. Se grafican individualmente algunos de los métodos más complejos.

Conforme se avance en la lectura, se podrá advertir que casi todo lo que se ha intentado tiene lugar en el ambiente de una reunión y que todos los métodos están enmarcados viva y abiertamente para una confrontación en tanto los participantes quieran intervenir, no por el hecho de que la confrontación es deseable en sí misma, sino porque no conocemos otra ruta directa hacia el buen funcionamiento de la organización.

En las páginas siguientes, el lector podrá notar numerosos temas que tienen lugar en repetidas ocasiones. Así, por ejemplo:

• Acumulamos la más amplia serie de opiniones.

- Ponemos atención en las necesidades individuales y en las del grupo.

- Examinamos sistemáticamente las maneras establecidas de hacer las cosas.

- Ponemos énfasis en la retroalimentación y en la crítica pertinente.

- Aclaramos las relaciones interpersonales, descartando deliberadamente lo inoperante, es decir, los sentimientos escondidos que impiden el entendimiento entre las personas.

- Hacemos hincapié en la responsabilidad de compartir la administración de la empresa.

- Fomentamos la exploración de uno mismo y su relación con los demás.

Finalmente, advertimos que no hay que aplicar mecánicamente estos métodos, sino tener en cuenta la dignidad de la persona, descubriendo que cada grupo no es predecible y, por tanto, que debemos modificar nuestros planes para seguir constructivamente las corrientes que el grupo marque.

Notas de la figura 4.4

1. EJEMPLOS DE OBJETIVOS

- Mejorar su propia ejecución administrativa.

- Mejorar la ejecución administrativa de otros en su propia organización.

- Controlar costos más rígidamente.

- Elevar estándares del servicio cliente/consultor.

- Integrar las funciones relacionadas entre sí dentro del contexto de la organización.

- Introducir nuevas ideas, métodos y tecnologías.

- Cambiar el papel de la organización.

- Penetrar en nuevos mercados.

- Aumentar la productividad.

2. EJEMPLOS

Solución: "necesitamos desarrollo administrativo."

Problema: En niveles jerárquicos más bajos, los administradores no parecen estar altamente motivados.

Comentario al problema: no llegar a la solución en forma directa lleva frecuentemente a un diagnóstico incompleto y presenta alternativas limitadas para la solución de éste.

En primera instancia, podrá surgir la verdadera naturaleza del problema y alternativas adicionales, si podemos establecer condiciones (por ejemplo, una reunión de equipos) en las cuales los administradores de niveles inferiores tengan la libertad de hablar de lo que les está frustrando. Gran parte de las diferencias o dificultades está en lo que se hace o se deja de hacer.

3. Emplear métodos de D. O. puede hacer que nos demos cuenta de lo que sucede en otras partes de la organización, rompiéndose así con la cultura establecida.

4. En muchas organizaciones, el departamento indicado para iniciar las averiguaciones es el de personal.

5. Los primeros objetivos de cambio se tornarán más evidentes conforme se proceda y cambiarán conforme se vaya tomando conciencia de lo que pase y otras personas aporten ideas y alternativas.

6. Es un rodeo seductivo, pero usted pierde la oportunidad de desarrollar un mejor diagrama de ruta.

7. Aquellos que tienen la información que usted necesita; aquellos que pueden afectar el producto de cambio intentado; aquellos que pueden proporcionar ideas y fuentes.

8. Si usted usa la figura 4.7, necesitará volver a pensar en ella.

9. El horario es opcional: antes de que usted empiece este procedimiento o antes de que empiece la figura 4.5 o la 4.6.

Notas de la figura 4.7

1. EJEMPLO

Usted quiere cambiar la estructura de la alta gerencia, de las relaciones de las oficinas principales o del sistema de información de su organización.

No podemos ofrecerle mapas precisos de ruta al crear la estrategia para el cambio; sin embargo, hay varios principios para guiarlo a usted, los cuales se presentan y ejemplifican en la Segunda Parte.

- A los que trabajan con usted y son afectados por el cambio proporcióneles ideas, poder e interés, y relaciónelos mutuamente.

- Comience a relacionarlos de inmediato. La manera de planear el cambio afecta al modo de llevarlo a cabo.

- No espere que otros se interesen en lo que usted desea, a menos que quiera tomar en serio lo que ellos quieran.

- Incluya juntas de un tipo que mejorarán la calidad de las relaciones personales (como el desarrollo de equipos) ; sin embargo, esto no es necesario en todos los casos.

- Recuerde que el cambio en las organizaciones humanas no se puede planear en detalle hasta su fin. Planee una estrategia general, dé un paso y observe entonces dónde se encuentra usted antes de continuar, y modifique los detalles de su plan a medida que vaya avanzando.

- Proporcione retroalimentación al sistema mediante *el espejo de la organización, la reunión del desarrollo de equipo intergrupal* y *el sentir.*

2. EJEMPLO

Mejorar las comunicaciones en la organización.

- No divulgue cuáles son los cambios que espera hacer; las acciones hablan más que las palabras; empero, en sus relaciones personales aclare que usted acepta cambio, incluyendo el que haya en usted mismo.

- Empiece a actuar lo más cerca posible al director.

- Trabaje primero con los gerentes y grupos que estén más interesados en el cambio, a fin de que sean ejemplo del mismo para los demás.

- Asegúrese de que los que están empleando los métodos de D. O. lo hagan porque así lo quieren; de otra manera, fracasará.

- Haga provisiones para el reaprendizaje (consulte "el seguimiento" más adelante) .

- Haga que su consultor tenga a la disposición de los gerentes dos tipos de entrenamiento: ejercicios basados en la experiencia que sirvan de preparación para el D. O., y entrenamiento en métodos de D. O.

- Haga uso apropiado del *sensitivity training.*

3. Es triste, pero real; en algunos casos no vale la pena el esfuerzo.

A. Reuniones para provocar el cambio

Puesto que es de la naturaleza del D. O. que la mayoría de los cambios voluntarios sean emprendidos con la participación conjunta de todas las partes interesadas, las reuniones son una de las principales maneras en que ocurre el cambio.

Los tipos de reuniones que se estudiarán en esta sección son:

a) "La serie de reuniones del equipo de diagnóstico del gerente."
b) "La reunión de confrontación para establecer metas."
c) "La reunión de diagnóstico del grupo familiar."
d) "El espejo de la organización."
e) "El análisis del campo de fuerzas."

Estas reuniones se enfocan al diagnóstico de la situación existente. Las que siguen están relacionadas principalmente con la alteración de una situación existente:

f) "Laboratorios de «sensitivity training» o «T-groups»."
g) "Reuniones para dos."
h) "La reunión de desarrollo de equipo de grupo familiar."
i) "La reunión de desarrollo de equipo intergrupal."
j) "El laboratorio de la planeación de la carrera en la vida."
k) "Continuación completiva de las reuniones."

Un entrenamiento básico para las reuniones ulteriores es el "sensitivity training". En tanto que las "reuniones para dos" son útiles para solucionar relaciones difíciles ante una reunión de desarrollo de equipo, pueden también tener lugar en una posterior solución de problemas para la cual no hubo tiempo en la reunión más general. Antes de las reuniones intergrupales, la "reunión de desarrollo de equipo de grupo familiar" que se aplica a las unidades organizacionales debe llevarse a cabo. No es efectivo intentar reunir a dos grupos si uno de ellos está preocupado en resolver sus propios conflictos. No sugerimos que una organización necesita continuar indefinidamente los tipos de reuniones mencionados en segundo término, sino que más bien las consideramos como estaciones para una condición de la vida organizacional en la cual las necesidades personales y los problemas de relaciones son tratados rutinariamente como una parte normal de conducir los negocios diarios.

El tipo de reuniones denominado "el laboratorio de la planeación de la carrera en la vida", es más provechoso después de que se ha procedido a aplicar el D. O. en la mayoría de los niveles (sobre todo inferiores) de la organización.

La serie de reuniones del equipo de diagnóstico del gerente

La finalidad del equipo de diagnóstico del gerente es hacer una periódica evaluación de la efectividad de una organización y abrigar la necesidad y la posibilidad de cambio. El equipo puede reunirse una o varias veces y consiste en:

a) El gerente general o un asistente principal.
b) Un consultor externo.
c) Un asistente del staff o varios con responsabilidad de toda la organización, como el gerente de personal y el gerente administrativo o de negocios.

El equipo puede hacerse más numeroso para incluir tanto representantes de varios niveles de la organización, como empleados; puede también enlistar la membrecía temporal de otros, quizá un consultor de investigación de operaciones o un representante de una organización a la que esté relacionado.

La razón de que un equipo de diagnóstico del gerente sea en realidad un equipo, más que un individuo, es que casi todas las organizaciones resultan muy complejas de entender para cualquier persona. El equipo se reúne con el fin de acumular información sobre el buen funcionamiento de la organización y posiblemente para recomendar metas de cambio general y estrategias. Así, toma a su cargo reunir información por "el sentir" o la entrevista, o cuestionarios e instrumentos; se reúne de nuevo para considerar los datos recopilados y ajustar las metas del cambio general, así como las estrategias de acción. El equipo de diagnóstico del gerente puede evolucionar a un comité que dirija el esfuerzo a largo plazo del D. O.

Usos

- Sirve como ayuda al gerente general en el examen del buen funcionamiento de la organización.
- Sirve como rutina de evaluación periódica de la necesidad de cambio.

Beneficios

- Mejora las oportunidades de un cambio temporal, conjuntando a los expertos en diagnóstico con personas íntimamente familiarizadas con la organización.
- Impulsa a una organización al examen rutinario de sí misma.

Limitaciones

* Es limitado el papel del equipo de diagnóstico. Sólo puede estimular a una organización a considerar el cambio. Si los miembros son tan indiscretos que husmean secretamente o como un equipo se posesionan de poderes ejecutivos, provocarán la hostilidad de los gerentes, de los grupos de planeación, etc.

Sugerencias operativas

Papel: ningún poder ejecutivo; ningún poder formal para indagar hechos, excepto aquellos que pueden ser compartidos con los gerentes implicados.

Frecuencia de reuniones: una o dos veces al año.

Miembros del equipo: aquellas personas respetadas en sus organizaciones que están muy interesadas en el cambio.

La reunión de confrontación para establecer metas

A fin de establecer metas para el cambio, un gran número de personas (de 40 a 100) de una organización y su gerente se reúnen durante un día. Dicha reunión consta de dos partes: *a)* recopilación de información, y *b)* establecimiento de metas; además, se debe fijar una reunión de seguimiento de acuerdo a un calendario preciso.

Recopilación de información

Ésta comienza con una descripción del procedimiento de la reunión, seguida por una plática de animación para una franca discusión.

Los asistentes se dividen en subgrupos de cinco o seis individuos de diferentes partes de la organización. La alta gerencia, menos el propio jefe, forma un subgrupo.

Se da a los subgrupos una hora para elaborar una lista de cambios que les agradaría personalmente y beneficiaría a la organización. Objetivos, estructura de la organización, relaciones, estilo gerencial, procedimientos, desempleo, políticas formales e informales, etc., son cambios sugeridos en cualquier área que se discutirán durante la reunión.

Los subgrupos preparan sus listas de cambio en hojas de rotafolio y las presentan a todo el grupo con un comentario suficiente para aclarárselas. No hay debate esta vez. Los cambios propuestos

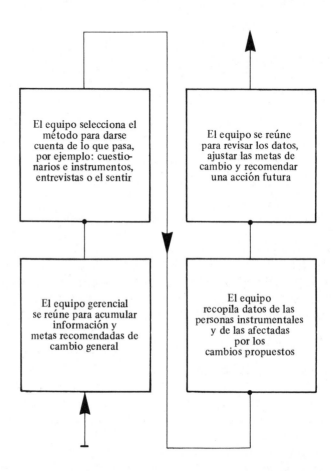

Figura 4.8. Procedimiento para las series de reuniones del equipo de diagnóstico del gerente. (Adaptada de Fordyce y Weil, Managing with People.)

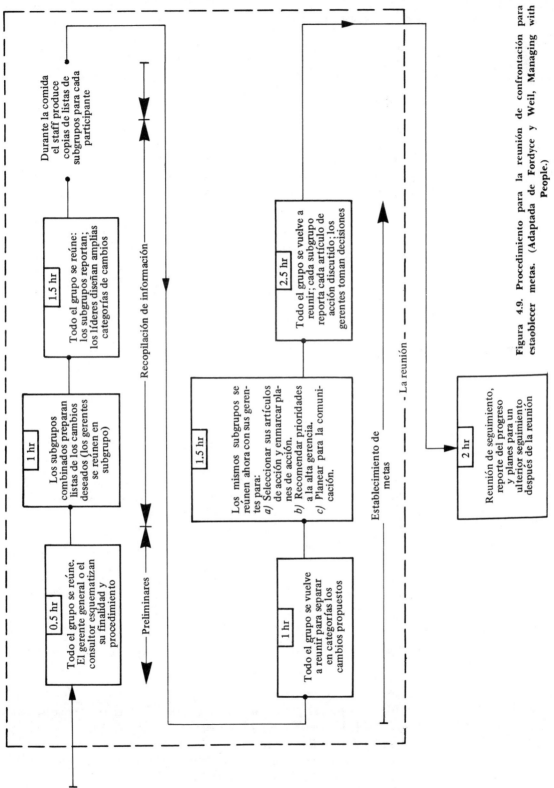

Figura 4.9. Procedimiento para la reunión de confrontación para estaoblecer metas. (Adaptada de Fordyce y Weil, Managing with People.)

en la lista se reparten en categorías generales por el líder o líderes de la reunión.

Establecimiento de metas

Una copia de todas las listas de artículos y la lista de categorías es distribuida a cada participante. Todo el grupo participa en clasificar los cambios propuestos en categorías. Entonces el grupo se divide otra vez, pero ahora cada gerente clave se reúne con los que asisten de su propia organización. Estos subgrupos emprenden las tareas siguientes:

- Seleccionar los tres o cuatro artículos más importantes para ellos, y determinar qué acción van a tomar y cuándo van a empezar.
- Seleccionar los artículos a los cuales creen que la alta gerencia debe asignarles prioridad.
- Planear para comunicar los resultados de la reunión a otros en la organización que no han asistido.
- Para oír el reporte de cada subgrupo, todo el grupo se vuelve entonces a reunir, con hojas de rotafolio. Hay tiempo para la discusión. El gerente general toma una decisión, aun si es preliminar con respecto a cada artículo que le han enviado. Se hacen planes para la reunión de seguimiento.

Seguimiento

Esta reunión, normalmente cinco o seis semanas más tarde, dura dos horas. Cada grupo de la organización y el gerente general reportan el progreso sobre sus artículos de cambio. Se llega a un acuerdo en lo relativo a los pasos del seguimiento.

Usos

Sirve para una rápida revisión de una organización, especialmente en tiempos de tensión.

Ventajas

- Rapidez.
- El individuo llega a ser más optimista en trabajar por el cambio, porque él tiene más influencia sobre éste y porque sus necesidades personales y sus metas son legitimadas.
- En esta reunión pueden participar muchas personas y varios niveles de la gerencia; consecuentemente, el método reúne profundidad y amplio apoyo para el cambio.

- Es creíble el cambio y algo que tiene sentido para los que están involucrados.
- No requiere el nivel de habilidades del consultor necesarias para una reunión de desarrollo de equipo.
- Este método puede proporcionar mayores, y aun impresionantes, mejoras.

Limitaciones

Este método no tendrá éxito si:

a) Hay serias diferencias no resueltas entre los miembros de la alta gerencia que asisten a la reunión.
b) La gerencia no está comprometida a los objetivos y modo de la reunión.
c) Hay insuficiente confianza entre los que asisten para mantener un razonable nivel de sinceridad.

Probablemente este método no ayudará a aclarar aspectos complicados, ni tratará asuntos de profundidad sobre el estilo gerencial, el desempeño, las relaciones, etc. En este sentido, se le puede considerar más superficial que otros métodos, pero esto mismo reduce la dependencia de habilidosos consultores. Una ventaja es que tiende a traer a luz aquellos asuntos para los cuales el grupo está preparado para enfrentarse a ellos en el momento oportuno.

Sugerencias operativas

Gerentes-clave en la reunión: asegúrese de que ellos entiendan el formato y los objetivos y de que tengan la voluntad de proseguir de acuerdo con el procedimiento.

Introducción de la reunión: presenta todo el procedimiento que se va a realizar; insiste en que es indispensable la sinceridad de los asistentes; legitima las necesidades personales y organizacionales; da tiempo para la discusión.

Formación de los primeros subgrupos: se puede dejar que ellos mismos se escojan si se les dan las siguientes reglas básicas:

a) Incluir un representante de cada organización presente.
b) No estar en el mismo subgrupo con alguien a quien se supervisa.

Carga al primer subgrupo: escriba todo (use pizarrón, hojas de rotafolio, etc.). Sea más bien amplio. Si usted establece límites, podrá oír al grupo; éste ya no tendrá dificultad de escuchar y dar importancia a los asuntos que usted les trate. En reuniones posteriores, será más seguro reducir la agenda.

Arreglo de las reuniones: proporcione un razonable e ininterrumpido aislamiento a los subgrupos.

El consultor: no es esencial para este tipo de reuniones; sin embargo, su presencia hace sentir a la gente más segura cuando surjan tópicos controvertidos. El consultor puede también establecer reglas de comportamiento; por ejemplo, puede reprimir a un gerente que desprecie quejas de importancia. También puede ayudar a modificar el plan del día, para solucionar las necesidades de la reunión en particular.

Seguimiento: sin él, mejor no lleve a cabo esta reunión.

La reunión de diagnóstico del grupo familiar

Un gerente y su grupo inmediato de trabajo (el grupo familiar) se reúnen para conducir una crítica general de su desempeño. El gerente puede empezar la acción sugiriendo las categorías según las cuales desea recopilar información; por ejemplo:

a) Planeación.
b) Metas de logro.
c) Lo que hacemos mejor.
d) Lo que hacemos peor.
e) Cómo estamos trabajando juntos (digamos, respecto al estilo gerencial, cómo hacemos para ayudarnos mutuamente y pedir ayuda, etc.) .
f) Nuestras relaciones con gente de niveles superior, inferior e igual.

El gerente puede ofrecer estas categorías a la reunión, o aun, lo que es mejor, antes de la reunión, para que los que asistan sean capaces de investigar las opiniones y los sentimientos de sus propios subgrupos.

Se puede usar una variedad de métodos para recopilar información, incluyendo la discusión de todo el grupo, el subagrupamiento, el acuario, o las diversas maneras de inspeccionar el panorama, especialmente la votación, los collages y dibujos, como veremos más adelante.

La información recopilada se discute y se agrupa por temas, y se planea la siguiente acción (como la reunión de desarrollo de equipo) .

Usos

• Antes de la reunión de desarrollo de equipos, se puede usar como entrenamiento y como medio para construir la agenda.

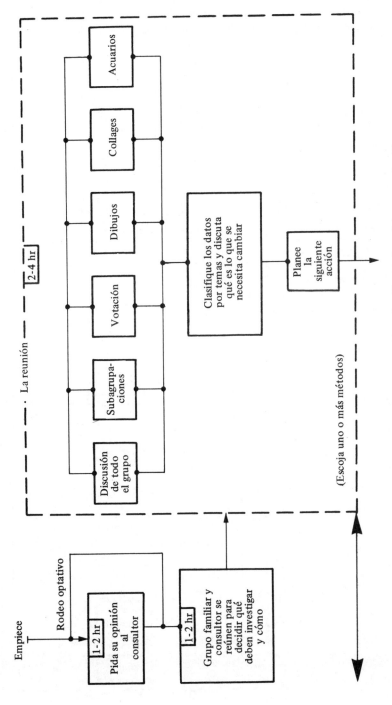

Figura 4.10. Procedimiento para la reunión de diagnóstico del grupo familiar. (Adaptada de Fordyce y Weil, Managing with People.)

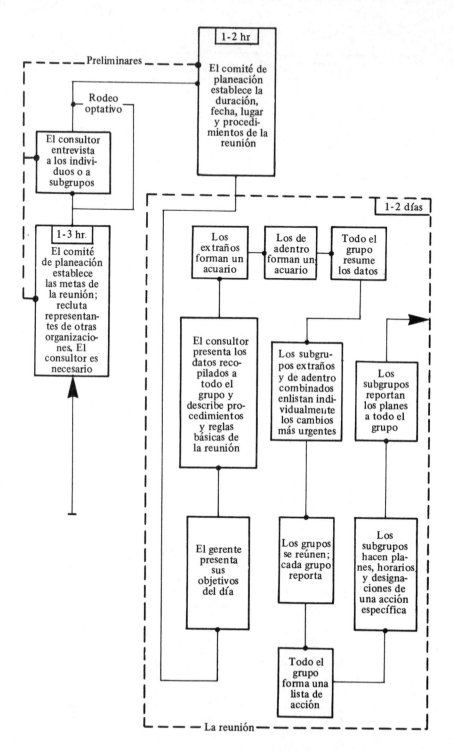

Figura 4.11. Procedimiento para el espejo de la organización. (Adaptada de Fordyce y Weil, **Managing with People.**)

- Sirve para ayudar al grupo a decidir cuáles pasos de cambio, si hay algunos, desea para comprometerse en ellos.

Beneficios

- Despierta un arriesgado interés en las posibilidades del cambio. Inicia una participación del peso de la gerencia.
- Fomenta una discusión más abierta de los problemas y de las relaciones.
- Puede efectuar algunos cambios en el comportamiento individual, aunque éstos serán temporales si no hay seguimiento ni refuerzo.
- Flexible; fácil de adaptarse a cualquier grupo.
- Rápido.

Limitaciones

- Es sólo el principio.
- No se acomoda a un grupo muy grande.
- Puede suscitar asuntos muy agudos que no se podrán resolver debido al poco tiempo.

Sugerencias operativas

Tamaño de grupo: hasta 30.
Tiempo: de dos a cuatro horas.
Lugar: tranquilo, donde reine el silencio

La gente suele expresar una marcada preferencia por trabajar en todo el grupo. Esto es generalmente menos eficiente que la subagrupación.

Enfatiza el escuchar y el entender. Desalienta la crítica y la defensa.

Al empezar tal reunión, comúnmente hay una promesa ímplícita de acción. El gerente debe estar preparado a seguir hasta lo último. Una secuela recomendada de esta reunión es una reunión de desarrollo de equipo.

El consultor: éste puede hacer notar las conveniencias o inconveniencias de seguir o no adelante con el D. O. si el grupo es nuevo en el D. O. y nada se ha planeado de manera definida más allá de esta reunión.

El espejo de la organización

Ésta es una clase particular de reunión que proporciona una unidad organizacional para adquirir retroalimentación de un gran número de organizaciones-clave con las cuales tiene relaciones (por ejemplo, clientes, los usuarios de los servicios de dicha organización, etc.). La reunión se cierra con una lista de tareas específicas para mejorar las operaciones, los productos o servicios.

EJEMPLO

Un grupo staff central de siete hombres ha estado trabajando para mejorar su efectividad durante un año; sin embargo, el grupo todavía experimenta fricción o indiferencia de parte de los grupos de línea que se supone deberían ayudar.

Para el espejo de la organización, el grupo staff invita dos huéspedes de cada grupo de línea. Exactamente antes de la reunión, el consultor entrevista a todos los participantes, ya sea de modo individual o en grupos. Su finalidad es preparar a los participantes para la reunión, saber algo de la extensión del problema como lo ven y recopilar información sobre los asuntos que hay que presentar en primer lugar en la mañana.

El director del staff comienza por delinear sus objetivos para la reunión y las actividades planeadas del día. Publica un horario de actividades, como sigue:

8:30 — 9:00 Introducción por el director del staff.
9:00 — 9:30 Revisión de los datos de la entrevista por el consultor.
9:30 — 10:15 Los extraños se reúnen en acuario (lo veremos más adelante) para discutir e interpretar los datos (los de adentro escuchan y toman notas).
10:15 — 11:00 Los de adentro se reúnen en acuario para discutir lo que escucharon de los extraños y para identificar los asuntos que necesitan aclaración.
11:00 — 12:00 Discusión general para resumir lo que ha acontecido hasta ahora (regla fundamental: no empiece a trabajar en los problemas).
12:00 — 13:00 Comida.
13:00 — 13:30 Cuatro subgrupos de tarea (incluyendo extraños y los de adentro) identifican los cinco cambios más importantes y necesarios para mejorar la efectividad de la organización.
13:30 — 14:00 Reportes de los subgrupos.
14:00 — 14:30 Todo el grupo sintetiza listas.
14:30 — 16:30 Los cuatro subgrupos de tarea desarrollan puntos de un plan y de una acción específica para el cambio.
16:30 — 17:00 Resumen de la reunión; cada grupo de tarea reporta planes, puntos de acción, personas responsables y datos del reportaje.

17:00 — 17:30 El director del staff concluye la reunión con una revisión del trabajo del día y asignando los puntos de acción que quedan.

Después de la reunión, el consultor conversa brevemente con la mitad de los participantes. Lo siguiente constituye algunas reacciones típicas hacia la reunión.

Extraños

"Pienso que ellos finalmente escucharon lo que tratábamos de decirles."

"Creo que ellos ya salieron de su oficina y vieron qué clase de presión recae sobre nosotros, los de la línea."

"Me animé por la manera en que ellos pusieron atención a nuestros comentarios. No sé si yo hubiera podido escuchar todo lo que se dijo."

"Poseo un mejor sentido de todo lo que tienen que tolerar. Seré más responsable en el futuro."

Los de adentro

"Me sorprendí de la cantidad de buenas cosas que decían de nosotros."

"Seguramente, tenemos mucho trabajo que hacer."

Usos

Cuando una organización ha progresado en el desarrollo de equipo, el siguiente paso lógico es mejorar las relaciones con los extraños grupos importantes. Resulta particularmente útil:

a) Para los grupos staff de servicio.
b) Cuando una organización ha sido ignorada.
c) Cuando las cosas parecen demasiado bien.
d) Cuando el producto no ha sido comprado.
e) Cuando un grupo no recibe información (o información conflictiva) sobre su desempeño.
f) Cuando un grupo recibe críticas no merecidas.
g) Cuando la habilidad de desempeñar es obstaculizada por otros grupos.
h) Cuando problemas de enfrentamiento abarcan a muchos otros grupos.

Beneficios

• Proporciona retroalimentación simultáneamente de muchas fuentes de manera sistemática.

- Permite el establecimiento de prioridades y planeación para mejorar la imagen de la organización y su efectividad.
- A menudo convierte a los críticos en personas que ayudan.
- Convierte los malestares en una acción constructiva.

Limitaciones

- Un complejo y apremiante procedimiento que implica un riesgo de resultados negativos.
- Típicamente requiere mucho esfuerzo para llevarlo a cabo.
- El proceso requiere una planeación, lo mismo que una administración y compromiso cuidadosos.
- Toma más de dos horas.
- Necesita un consultor habilidoso.

Sugerencias operativas

Dé bastante tiempo (uno o dos días). Planee la reunión de manera cuidadosa y divida claramente el tiempo en segmentos. Mientras la reunión progresa, permita flexibilidad para los cambios del horario, pero no que los segmentos planeados se modifiquen.

Deben ser del mismo tamaño los grupos de adentro y los extraños. El grupo total no debe exceder de veinte. Seleccione a los extraños cuidadosamente; debe ser gente influyente y respetada en sus organizaciones, que pueda tener injerencia en los problemas de usted, que tenga voluntad de emplear el tiempo requerido y que sea constructiva y explícita, pero no argumentativa. Los extraños deben provenir de grupos con los cuales usted tenga muchos negocios importantes.

Anime tanto la retroalimentación positiva como la negativa. Evite trabajar en relaciones individuales perturbadoras. Posponga esto para otra ocasión.

Registre los resultados de todos los segmentos de la reunión en hojas grandes. Coloque claramente los artículos identificados de la acción para que todos los vean. No use este tipo de reuniones solamente para reunir retroalimentación, sino que vaya a través de todo el ciclo de planeación y ejecución conjunta de cambios. Esta última parte afirma las relaciones.

Comprométase para cierto tiempo y establezca un método para reportar el progreso a cada uno. Poco tiempo después, considere invitar a los extraños otra vez, para evaluar el progreso y darles ayuda.

El análisis del campo de fuerzas

Este análisis es un instrumento que permite estudiar una situación que deseamos cambiar. Ayuda a modificar una condición en una organización con un mínimo de esfuerzo y desorganización contraproducente.

El método presupone que cualquier situación se halla en un estado de equilibrio en cualquier momento; esto es, las fuerzas que actúan para cambiar la condición son igualmente contrarrestadas por las fuerzas que actúan para conservarla.

El análisis está preparado en la forma de un simple diagrama:

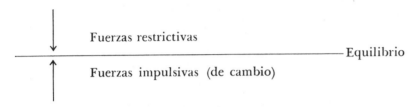

Un individuo, o preferentemente un grupo, comienza el análisis de una situación dada, en la cual el cambio es deseable, identificando todas las fuerzas impulsivas y restrictivas y señalándolas con flechas.

EJEMPLO

Un grupo de superintendentes están preocupados por la calidad del producto de sus líneas paralelas de producción. El porcentaje de rechazo es de 20; desean reducirlo sustancialmente al 5. En una sesión de *brainstorming* mencionaron todas las fuerzas pertinentes y las representaron como sigue. (Diseñaron la longitud de las flechas de acuerdo a la magnitud de la fuerza.) :

"Si aumentamos esas fuerzas impulsivas que amenazan o presionan a la gente, probablemente incrementaremos la resistencia. Es mejor aumentar aquellas fuerzas impulsivas que no incrementen la resistencia o trabajar en las fuerzas restrictivas o considerar nuevas fuerzas impulsivas que se puedan aplicar." Los superintendentes del trabajo se concentraron en las fuerzas que son más fáciles de cambiar, obtuvieron gran provecho, y cuando las variaron fueron menos destructivas.

Usos

- Cuando se empieza un esfuerzo de cambio.
- Cuando estamos confundidos sobre qué paso debemos dar.

Beneficios

- Facilita el problema.
- Ofrece nuevas opciones para la acción.
- Puede utilizarlo un individuo, un grupo pequeño o uno grande.

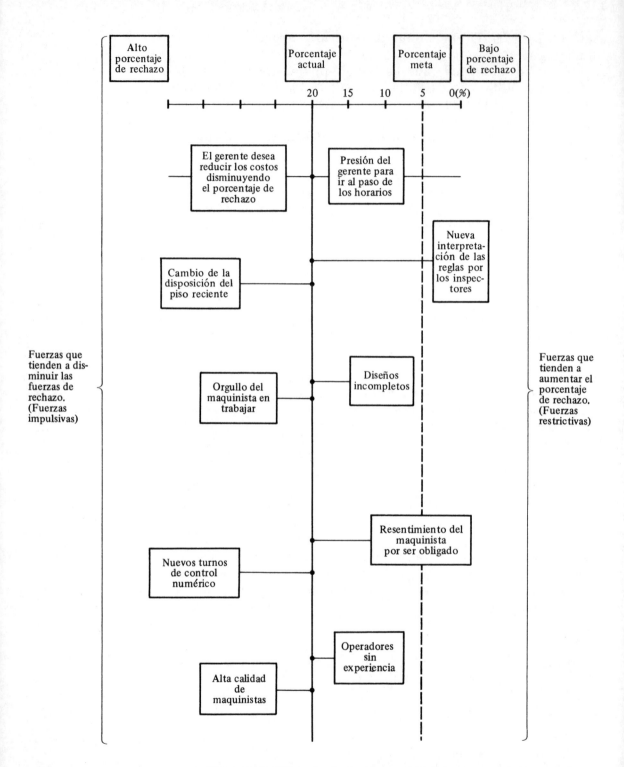

Figura 4.12. (Adaptada de Fordyce y Weil, Managing with People.)

Limitaciones

- Los resultados dependen de la calidad y de lo completo que sea el análisis.
- A veces parece ser exageradamente analítico.

Sugerencias operativas

Defina claramente la condición de equilibrio existente y determine el resultado final deseado. Presione a la gente para que identifique tantas fuerzas como sea posible. Apéguese a este método, aunque le parezca incompleto. Apéguese también a la identificación y no se detenga considerando lo que se puede o no hacer.

Incluya información de tantas partes apropiadas como sea posible. Use hojas de rotafolio.

Compruebe que el análisis incluya la motivación de partes influyentes, las políticas y los procedimientos, la naturaleza de las necesidades individuales y hábitos, las fuerzas externas, las prácticas administrativas y las fuentes financieras y materiales, etc. Después de que haya completado el análisis, prepare un plan de ejecución para el cambio propuesto. Incluya:

- Los acontecimientos que deben ocurrir.
- Un calendario de acontecimientos.
- Nombres de personas importantes que puedan ayudar.
- Responsabilidad para ejecutar las subpartes.
- Coordinación de las subpartes.
- Provisión para la retroalimentación y la evaluación.

Laboratorios de Sensitivity Training (o T-Groups)

Pequeños grupos (de doce miembros cada uno), junto con uno o dos miembros del staff, trabajan con intensidad durante un largo periodo (tres o cinco días en las tardes), aprendiendo de su experiencia mutuamente en un "aquí y ahora". Uno aprende primero sobre el *proceso* de interacción entre los individuos en el equipo, y sobre la experiencia sentida profundamente y los *sentimientos* como *opuestos al contenido intelectual*.

El laboratorio de *sensitivity training*, como medio para el cambio personal y el crecimiento, tiene características únicas:

- Relativamente no está estructurado; esto es, procede sin metas definidas con claridad, sin reglas o procedimientos, sin agenda o papeles de los miembros.

- Los miembros del staff no guían como se acostumbra. Actúan primeramente como facilitadores y establecedores de clima.
- El laboratorio es una rara oportunidad para la mayoría de la gente. Los datos personales e interpersonales que se obtienen de la conducta "aquí y ahora" de los miembros pueden ser examinados y aprenderse de ellos; también se pueden examinar nuevos modos de conducta.
- El clima que evoluciona en un grupo típico y que contribuye marcadamente al proceso de aprendizaje, es de confianza completa y de apertura (una condición humana de tal rareza que los participantes se alborozan).

Usos

- Sirve como capacitación básica para la gente importante en el esfuerzo del desarrollo de la organización; por ejemplo: un gerente que planea una reunión de desarrollo de equipo con su grupo.
- Sirve para excitar la imaginación y para abrir los ojos a otras y mejores maneras de trabajar juntos. En una organización receptiva, sirve para generar interés en el desarrollo de la organización.
- Sirve para ayudar a alguien a superar su crecimiento; por ejemplo: un gerente cuya efectividad y mejoría son limitadas por su falta de penetración en lo que está haciendo a sus colegas.

Beneficios

Los participantes pueden aprender:

- Sobre sí mismos como individuos y cómo se conducen en grupo.
- Sobre la manera en que otros les responden.
- Sobre la manera como consideran y sienten a los demás, y sobre cómo los demás influyen en ellos.
- Sobre cómo relacionarse mejor con los demás personalmente y como miembros del grupo.
- Sobre la dinámica de los grupos, incluyendo los estilos gerenciales, el uso del poder, las subagrupaciones, las agendas ocultas, la estructura del grupo, la colaboración, la competencia, etcétera.
- Sobre la línea de opciones disponibles para ellos en su respuesta a otros y cuál pueden escoger.
- Sobre la adquisición de habilidades para escuchar efectivamente, para entrevistar, para ayudar a los demás y permitirles que correspondan a su ayuda.
- Sobre cómo pueden liberarse de una ignorancia pluralística (es decir, la tendencia de un individuo a suponer que sus alegrías o

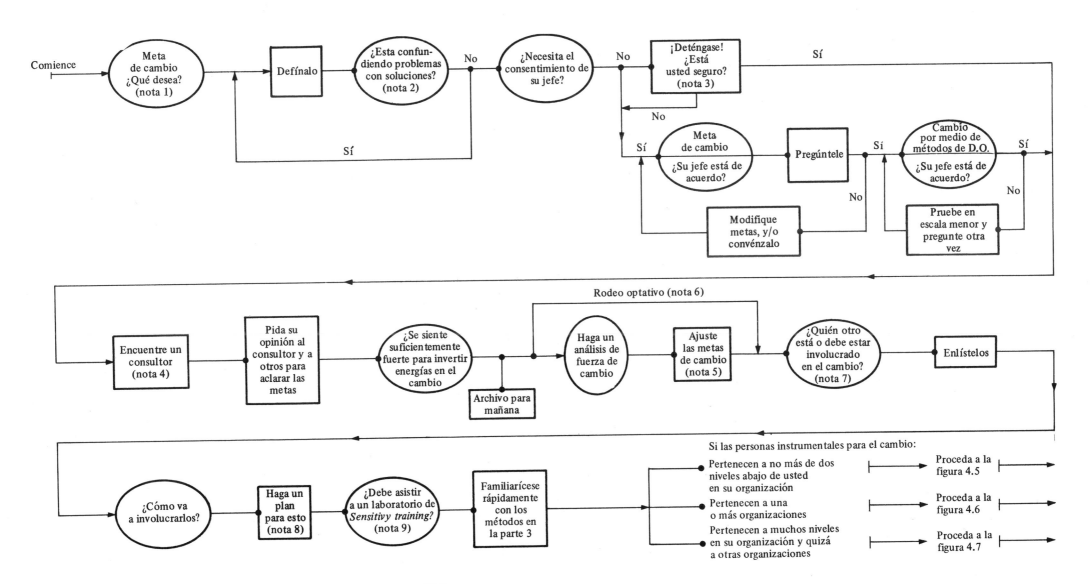

Figura 4.4. Diagrama de ruta común (típica). (Adaptada de Fordyce y Weil, Managing with People.)

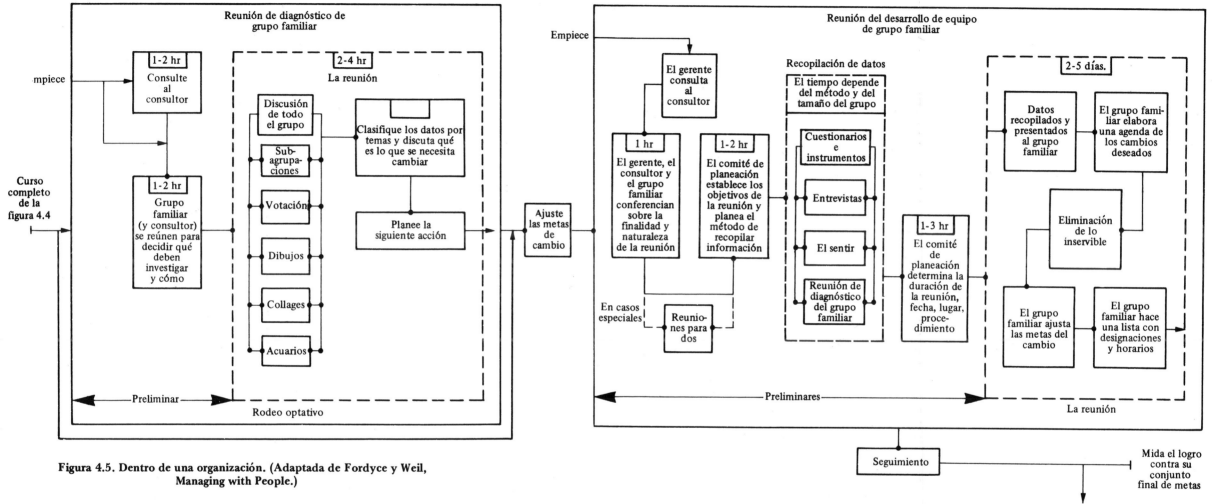

Figura 4.5. Dentro de una organización. (Adaptada de Fordyce y Weil, Managing with People.)

*Siga esta ruta después de la figura 4.4, si las personas instrumentales para el cambio pertenecen a no más de dos niveles abajo de usted.

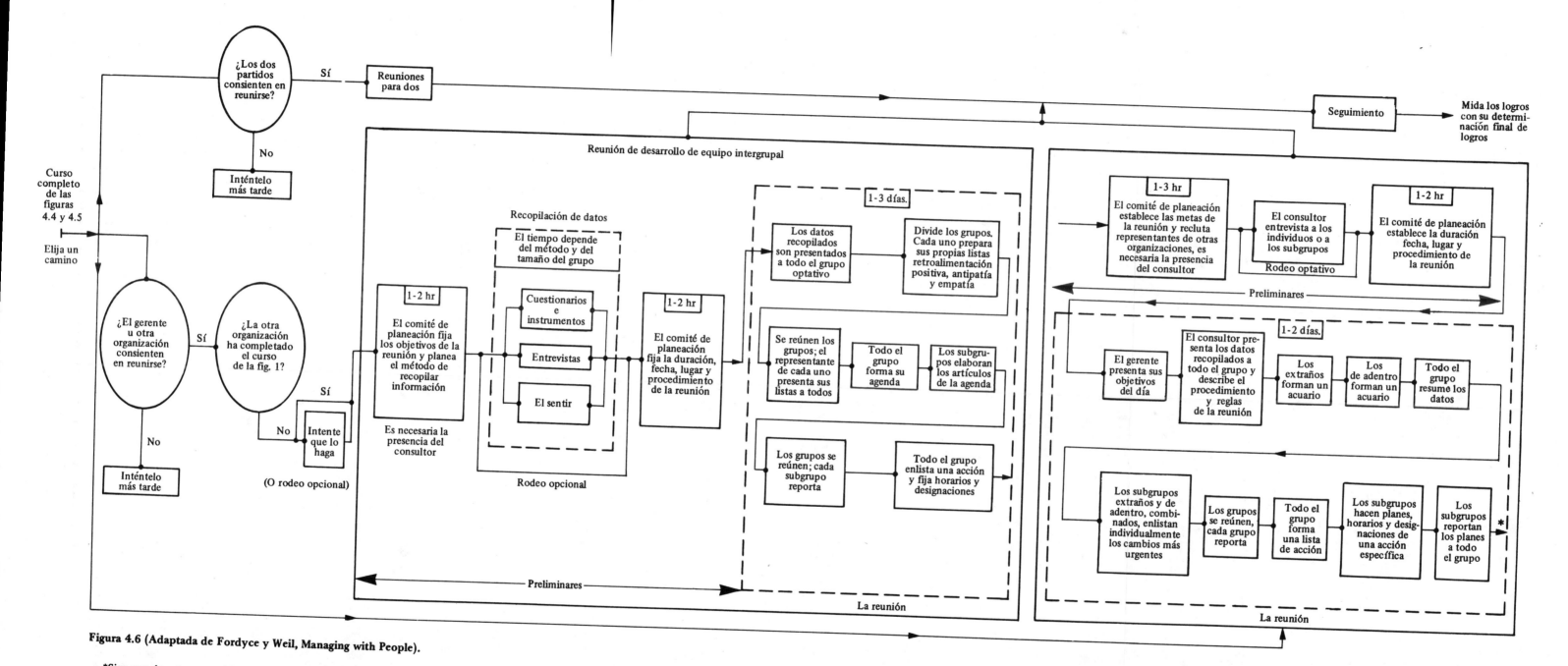

Figura 4.6 (Adaptada de Fordyce y Weil, Managing with People).

*Siga una de estas rutas si las personas instrumentales para el cambio pertenecen a una o más organizaciones. Intente "reuniones para dos" si el progreso para el cambio depende de mejorar las relaciones entre dos personas clave. Intente la reunión de desarrollo de equipo intergrupal si una o dos organizaciones están involucradas y todas ellas tienen voluntad de considerar el cambio para mejorar sus relaciones de trabajo. Use el "espejo de la organización" si desea retroalimentación y ayuda de los demás para mejorar el desempeño de su grupo y las relaciones con estos grupos.

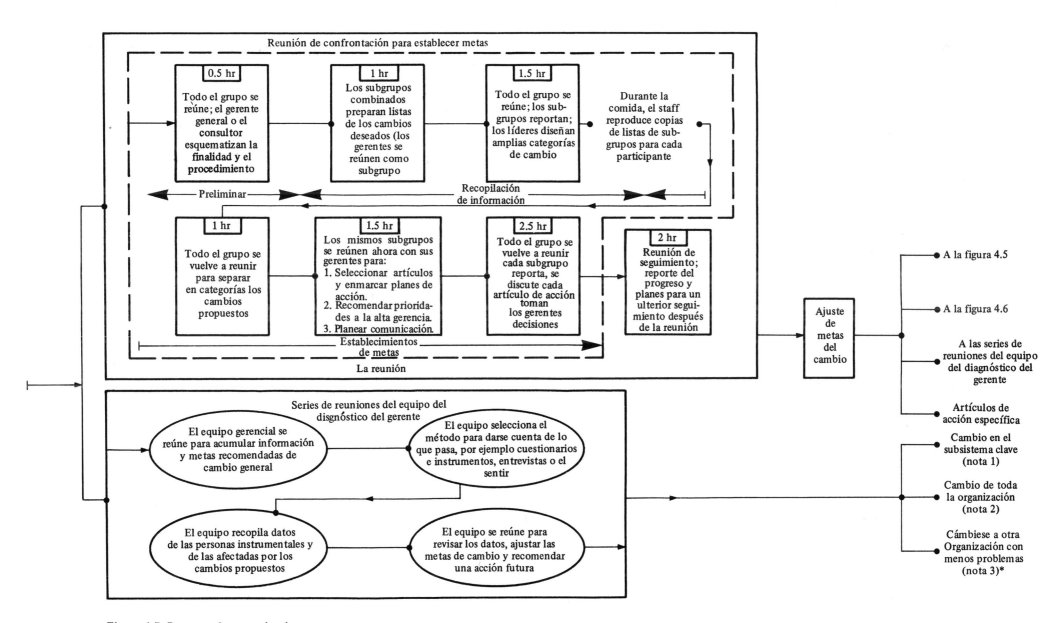

Figura 4.7. Para grandes organizaciones

*Siga una de estas rutas si las personas instrumentales para el cambio pertenecen a muchos niveles en su organización
y quizás a otras organizaciones y si su plan para cambiar toda la organización llevará dos o tres años.

pesares constituyen algo propio, en tanto que en la realidad son conocidos por los demás).

- Sobre los grupos que se comportan como personas mayores: la autenticidad de comportamiento (evitando el enmascaramiento), la experiencia de una apropiada expresión de sentimientos, el uso de la confrontación, la utilidad de la colaboración, y el constructivo manejo del conflicto.

El laboratorio puede ser una experiencia constructiva y emocionante para aquellas personas preparadas.

Estas reuniones fomentan el cambio si son conducidas inteligentemente.

Limitaciones

El *sensitivity training* no es para todos. A algunos les disgustan las intensas relaciones personales del laboratorio; otros se ofrecen voluntariamente tan poco, que casi no obtienen provecho.

Ocasionalmente, aunque rara vez, alguien se perturba por esta experiencia. Parece existir, casi en todos estos casos, un historial de problemas psicológicos que han debilitado la mente. El impacto de una experiencia de *sensitivity training* se atenúa rápidamente. El participante llega a ser estimulable en grado sumo por el laboratorio y siente que tiene un inmenso poder para cambiar su vida. Sólo unos cuantos lo hacen, pero para la mayoría la emoción desaparece pocas semanas más tarde. La cantidad de aprendizaje permanente varía mucho de persona a persona.

El *sensitivity training*, solo, tiene poder limitado para cambiar las organizaciones. El aprendizaje necesita ser reforzado por otros tipos de actividades en la organización.

El concepto de *sensitivity training* se ha tergiversado y ha dado lugar a temores. Si estos temores existen en su organización, no lo use hasta que haya un apropiado nivel de aceptación; de otra manera, será inútil y contraproducente.

Sugerencias operativas

¿Quién debe asistir?

- Las personas que ocupan posiciones clave, especialmente en las organizaciones que están planeando trabajar con el D. O. (En una sesión de desarrollo de equipo habrá más resultados en la medida en que los participantes hayan tenido el *sensitivity training*.)
- Las personas que lo desean firmemente.
- Las personas que están listas para el crecimiento personal.

¿Quiénes no deben asistir?

- Las personas con serios problemas psicológicos.
- Los empleados problema.
- Las personas que están bajo una fuerte tensión en esos momentos.
- Las personas sujetas a psicoterapia, si no cuentan con el asentimiento de su terapeuta.
- Las personas que no quieren asistir.

Reclutamiento

La asistencia debe ser voluntaria; por tanto, ha de apartarse a los que no deben asistir, por ejemplo, de la siguiente manera:

- Mediante entrevistas llevadas a cabo por una persona calificada.
- Dándoles oportunidad de que platiquen sobre el *sensitivity training* con los que han asistido.
- Por medio de sesiones de orientación para los que piensan asistir.
- Haciéndoles leer sobre el particular.

Control de calidad

Hay muchas personas que ofrecen el sensitivity training a las organizaciones. Varía tanto la calidad como la naturaleza del sensitivity training. Algunos parecen ser demasiado arrojados. El hecho de que esto no es algo común no significa que sea malo, pero el estilo sí; en fin, consúltese a alguien que esté bien informado.

Aplicaciones relacionadas

En el sensitivity training suele reunirse a un grupo de extraños que no se conocen y que no tienen una relación continua. Así se da a los asistentes un sentimiento de seguridad y libertad; sin embargo, por el bien de la organización, vale la pena sacrificar el anonimato. He aquí tres posibilidades:

1. *Los grupos de primos* (cousin groups). Estos grupos están constituidos por gente de toda la organización que no tiene regulares relaciones de trabajo y que, la mayoría de las veces, no se conoce mutuamente. Si queremos hacer sensitivity training dentro de la organización, ésta es la manera de estar lo más cerca con un grupo extraño, lo cual tiene el beneficio de facilitar la relación en las diferentes líneas de la organización; sin embargo, esto causa un problema de seguridad: ¿podemos confiar entre nosotros de manera

que no se divulguen nuestros problemas personales en la organización y sean interpretados erróneamente?

2. *Los grupos arracimados* (cluster groups). Éstos son como los anteriores, excepto que aquí el grupo se forma de varias agrupaciones de tres o cuatro personas que tienen una regular relación de trabajo y que desean obtenerla; por ejemplo, un grupo arracimado podría constar de supervisores que tuvieran relación entre sí, digamos, de producción e inspección, lo cual suele producir una duradera mejoría en el trabajo; no obstante, es más difícil reunir "clusters" que "cousins".

3. *El grupo de familia* (family group). Como las reuniones, de desarrollo de equipo de grupo familiar, que veremos más adelante, este grupo consta del gerente y de la gente clave que trabaja con él. En el laboratorio de sensibilización (sensitivity) del grupo familiar, la agenda está limitada a las relaciones en el grupo como son manifestadas en las interacciones "aquí y ahora" durante la reunión. Esto proporciona intensa experiencia personal del sensitivity training en la oficina. Los resultados benéficos en el trabajo son directos y duraderos, con algunos riesgos.

Reuniones para dos

Dos personas se reúnen con el fin específico de mejorar la manera en que trabajan. Pueden ser un supervisor y un subordinado, o empleados compañeros. Normalmente un consultor se reúne con ellos. Las metas de esta reunión son:

a) Ayudarlos a desechar la basura en las relaciones.
b) Especificar lo que cada uno espera del otro.
c) Aclarar cómo las expectativas de cada uno no han sido satisfechas.
d) Negociar cambios en las expectativas y la manera de reunirse.
e) Aumentar la ayuda mutua en las relaciones.

Esta reunión puede llevarse a cabo de diversas maneras. He aquí un ejemplo:

Primer paso. Cada persona hace tres listas:

• La lista de la retroalimentación positiva: los aspectos que la persona valoriza en la manera que dos personas han trabajado juntas.
• La lista de lo que estorba: las cuestiones que no le han agradado a la persona.
• La lista de empatía: una predicción de lo que el otro tiene en sus listas.

Segundo paso. Cada uno presenta su retroalimentación positiva y la lista de lo que le molesta del otro; luego comparten sus listas de empatía. Durante este periodo, el consultor disuade de cualquier plática no dirigida específicamente a obtener un entendimiento del punto de vista del otro.

Tercer paso. Cada uno ofrece cualquier información que pueda aclarar el asunto. Se prohíben las discusiones generales.

Cuarto paso. Las dos partes negocian sobre los cambios que desean. Consienten en los cambios planeados y entonces deciden sobre cómo trabajarán juntos para lograrlos. El consultor enlista tanto lo que ambos han considerado en común para actuar, como aquellos asuntos aún no resueltos. Ambos deciden cómo los tratarán o quizá deciden dejarlos sin resolver de momento.

Quinto paso. Debe planearse el seguimiento.

Usos

- Sirve para la pareja que es infeliz o que está enemistada, frustrada, desilusionada o derrotada.
- Sirve para la pareja que busca una relación agradable.
- Constituye una gran recompensa para los gerentes clave (un ejecutivo y su asistente) cuyas relaciones afectan críticamente la organización de la que son responsables.
- Resulta útil antes de la reunión de desarrollo de equipo de grupo familiar (véase más adelante) si existe un particular intento de relaciones (por ejemplo, el gerente y el subordinado clave) que de otra manera podrían hacer fracasar la reunión.

Beneficios

- El procedimiento es sencillo, probado y no costoso.
- La habilidad de una organización para que realice su trabajo puede resultar seriamente dañada por el mal sentimiento entre dos personas clave. Un pacto exitoso entre estos dos individuos puede beneficiar considerablemente a cada uno.

Limitaciones

- La gente se avergüenza al participar en esta reunión.
- La presencia del consultor puede molestar porque, por lo menos al principio, no es familiar a ellos; la estructura formal puede incomodar porque parece como si fuese algo tramado.

Sugerencias operativas

No es aplicable a los asuntos y problemas rutinarios que surgen diariamente. Este método está destinado solamente para ocasiones de mayor importancia.

A esta reunión deben llegar ambas partes con una disposición de buena fe y deben confiar en el consultor. Aquí, este último es más importante, quizá, que en una reunión de formación de equipo, en la que grupos más grandes tienen una influencia moderadora.

A veces es bueno agrandar la reunión, incluyendo a otros que conocen a los principales y que pueden proporcionar una valiosa percepción. Esto debe hacerse si las dos partes aceptan.

Revisar el mecanismo de escucha de las dos partes es importante. Una manera de hacerlo es preguntar periódicamente a cada persona lo que piensa acerca de lo que ha dicho la otra.

La estructura y disciplina de la reunión puede ser configurada a los problemas y a la habilidad del director en manejarlos.

Las hojas de rotafolio (como veremos más adelante) pueden ser de ayuda, aun para una pareja. La inversión de papeles puede ser extremadamente efectiva para fomentar empatía.

Recuérdese que muchos problemas interpersonales son creados o reavivados por nuevas disposiciones organizacionales y por nuevas definiciones del trabajo.

El seguimiento es importante. Una reunión de seguimiento puede ser fechada según un calendario de horario, o el consultor puede relacionarse con las partes individualmente y luego, si es necesario, reunirlas.

La reunión de desarrollo de equipo de grupo familiar

Un grupo familiar, que generalmente consta de un gerente y de aquellos que le reportan, se reúne para explorar maneras de mejorar su desempeño. La técnica se aplica tanto a antiguos como a nuevos grupos.

La reunión de equipo difiere de la de staff en varios aspectos:

a) Tiene más duración (de dos a cinco días).
b) Busca una atmósfera de comunicación franca sobre sentimientos y opiniones, sobre las fuerzas tradicionales y las informales en el trabajo dentro de la organización (por ejemplo, diferencias en el estatus, los círculos, etc.).
c) Normalmente la reunión es guiada por un consultor.
d) Hacemos hincapié en la necesidad de una participación conjunta en el trabajo a través del proceso de la reunión, desde la primera planeación hasta el seguimiento, para estar segu-

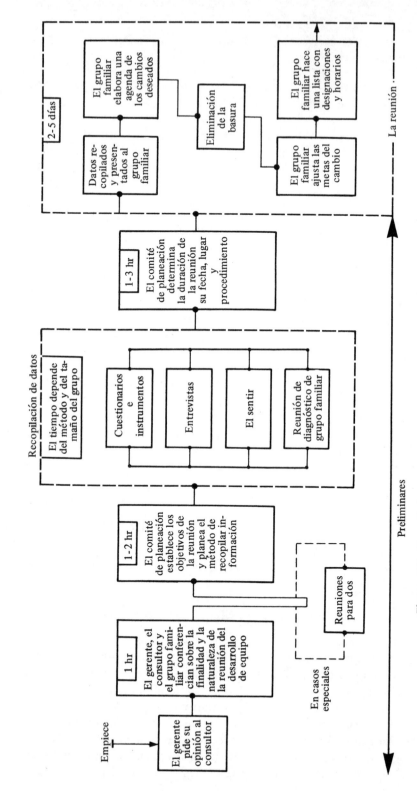

Figura 4.13. Procedimiento para la reunión de desarrollo de equipo de grupo familiar. (Adaptada de **Fordyce** y **Weil**, **Managing with People**.)

ros de que el grupo apoya de hecho todo lo que se planea y efectúa.

El procedimiento para una reunión de desarrollo de equipo es más o menos como sigue:

Primer paso: establecimiento de los objetivos de la reunión. En tanto que el objetivo general es mejorar la efectividad del grupo familiar, se debe establecer como un propósito específico fijar metas para el siguiente año. Para el grupo familiar, un propósito de la reunión debe ser siempre evaluar su propio proceso de trabajo. El gerente, otros miembros del grupo que él seleccione y el consultor (todos los cuales constituyen el comité de planeación) llevan a cabo la tarea de establecer los objetivos de la reunión.

Segundo paso: recopilación de información para la reunión. Preferentemente, esto se hace antes de la reunión por medio de 'cuestionarios o instrumentos, "el sentir" o la entrevista (como veremos más adelante). En general, la tarea de recopilar los datos la realiza o la guía el consultor. Otra manera de abordar la recopilación de datos es la reunión de diagnóstico de grupo familiar.

Tercer paso: conducción de la reunión. La información recopilada se presenta ahora a la reunión de grupo familiar.

a) El grupo (o subgrupos) forma una agenda con tópicos ordenados según un orden de prioridad.

b) El grupo procede a desechar la basura, o sea, los asuntos personales e interpersonales que estorban. El grupo rara vez sigue la agenda que se ha formado con tanto trabajo; sin embargo, esto es para bien.

c) El grupo produce una lista de artículos de acción para ser tratada después de la reunión, decide quién es responsable de cada artículo y elabora un catálogo.

Cuarto paso: continuación y complemento de la reunión. Después de la reunión, asegúrese de que las acciones a las que se ha llegado a un acuerdo se efectúen; también esfuércese en mantener el nivel de sinceridad a que se llegó en la reunión.

Usos

Puede emplearse este método para cualquier reunión importante de una organización. Una reunión ocasional de este género es valiosa para cualquier organización cuyos miembros desean tratarse mutuamente de una manera más franca. La frecuencia depende del esfuerzo que el gerente desee emplear en el cambio.

Para un equipo nuevo, un más grande compartimiento del tiempo de la reunión es concedido a "llegar a conocerse familiarmente" y a la planeación de cómo funcionará el equipo.

Beneficios

- Sondeo del conocimiento total y de la inventiva del grupo para identificar problemas y oportunidades.
- Formación del compromiso del grupo para cambiar las metas y pasos de acción.
- Mejoramiento del tono de relaciones de trabajo.
- Con los nuevos grupos, el método acelera la formación de un equipo fuertemente integrado.

Limitaciones

La reunión será menos efectiva, a menos que el grupo, sobre todo el gerente, tenga realmente voluntad de moverse hacia una comunicación abierta.

Sugerencias operativas

Sinceridad: el patrón de sinceridad debe ser establecido por el gerente. El grupo probará su voluntad para enfrentarse a las diferencias con ellos. No fomente asuntos interpersonales, a menos que tenga tiempo, ayuda y compromiso para solucionarlos, ya sea durante la reunión o inmediatamente después de ella.

Responsabilidad: El gerente debe aceptar la responsabilidad principal en cuanto a la reunión. El grupo y el consultor sólo comparten la responsabilidad.

Asistencia: usted puede impulsar a los miembros a que asistan, pero debe dejarlos libres.

Precaución: no use esta reunión para asuntos personales candentes en los cuales se enfurezca el gerente o uno de sus subordinados, ni invite a ninguno que usted pueda despedir del grupo.

Duración: las reuniones varían de uno a tres días. Lo importante es que la gente sienta que ha llegado a los objetivos; sin embargo, un grupo experimentado puede tratar asuntos específicos en pocas horas, pero primero conceda el tiempo suficiente para desechar la basura.

Lugar de la reunión: en cualquier parte en donde el grupo no sea perturbado ni distraído; para la primera vez, un lugar cómodo e informal lejos del sitio de trabajo.

Tamaño del grupo: de 3 a 30. Lo común es de 8 a 15. Para grupos más grandes, divídalos en subgrupos, aplíquese el acuario y tome más tiempo.

Participación de la alta gerencia: pueden asistir dos o más niveles de gerencia, pero su efecto en la sinceridad debe ser discutido antes. Una manera de implicar a la alta gerencia es disponer todo para que se incorpore al final de la junta, con el fin de dar tiempo al grupo de resolver algunos de sus asuntos y de preparar una agenda para asociarse con la alta gerencia.

Alcance de la reunión: generalmente es grande, según el tiempo disponible. Debe limitarse a las cuestiones sobre las cuales pueda hacer algo el grupo.

Equilibrio de la reunión: para estas reuniones es importante conservar un equilibrio, el cual se refiere:

a) A la atención dada a las relaciones y a la tarea. Los grupos prefieren trabajar en sus tareas y evitar los asuntos interpersonales que forman un obstáculo; o bien, puede pasar lo opuesto. Una regla general es trabajar en la tarea y desechar la basura cuando sea necesario.

b) Al calor de la discusión. En las discusiones frías, nadie tiene o expresa muchos sentimientos; existe aburrimiento y desánimo. Por lo contrario, asuntos muy difíciles de manejar pueden retrasar al grupo.

c) Al equilibrio de la retroalimentación negativa y positiva. Esta reunión tiende a enfatizar demasiado la información crítica. La retroalimentación positiva puede estimular al grupo y detenerlo cuando sea necesario.

Métodos para conducir la reunión: la mayoría de los "métodos para mejorar reuniones" tienen alguna relación con esta reunión, especialmente el uso de "hojas de rotafolio" y de "la crítica", como veremos más adelante.

Continuación y complemento de la reunión: lo que se hubiera ganado en esta reunión se perderá, a menos que se ponga atención al seguimiento.

No para intergrupos: este procedimiento no es apropiado para reuniones interorganizacionales, a menos que se haya planeado una fusión de alguna clase.

Aplicaciones relacionadas

El formato de esta reunión puede usarse también para disolver equipos temporales (como grupos de proyecto) o para disolver o reducir sustancialmente equipos permanentes. Se requerirán una o más reuniones, dependiendo de las circunstancias.

Para la agenda, considérense los siguientes tópicos:

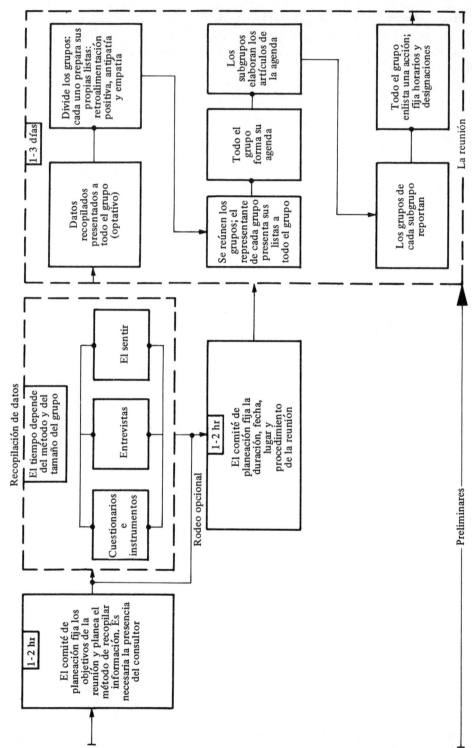

Figura 4.14. Procedimiento para la reunión de desarrollo de equipo intergrupal. (Adaptada de Fordyce y Weil, Managing with People.)

a) Planeación del cambio.

b) Manejo de sentimientos sobre el cambio y los problemas puestos por los miembros del grupo.

c) Planeación de medios para elaborar nuevas asignaciones o nuevos empleos.

d) Uso del laboratorio de planeación de la carrera en la vida para los que estén interesados.

e) Crítica de la experiencia del grupo en lo que puede aprender.

f) Determinación de la parte que de esta experiencia pueda ser de ayuda a otros grupos similares y de cómo pueda trasmitírseles esta información.

g) Tratamiento de los problemas inmediatos del grupo que permanece.

h) Planeación del futuro de este grupo.

La reunión de desarrollo de equipo intergrupal

Aquí, dos grupos se reúnen para mejorar sus relaciones de trabajo. Alcanzar un estado de entendimiento mutuo que fomente la cooperación y suprima el aislamiento, la competencia y la contienda es el propósito de esta reunión. El proceso implica:

- Un intento de distinguir la realidad de la fantasía.
- Un esfuerzo deliberado de sondear el resentimiento y desconfianza escondidos (basura).
- Una búsqueda de las maneras en que los dos grupos puedan servirse mutuamente mejor para lograr metas comunes.
- Una determinación de ser explícitamente servicial el uno para el otro.

Sigue después un procedimiento típico para la reunión. El procedimiento, como en el caso de la reunión de desarrollo de equipo de grupo familiar, es público, en el sentido de que todo se manifiesta y de que todos los participantes están informados de todo y son animados a hablar en público sobre sus asuntos.

Primer paso: establecimiento de los objetivos de la reunión. Un comité de planeación establece la meta y los objetivos de la reunión. El comité está formado, como mínimo, por los gerentes de los respectivos grupos y por un consultor. El comité se reúne para:

- Manifestar sus impresiones de las actuales relaciones entre los dos equipos.
- Decidir qué información adicional se necesita antes de que los grupos se reúnan, y cómo se recopilará.

- Esbozar el procedimiento a seguir durante la reunión y el seguimiento.
- Decidir quién debe asistir y el tiempo, la duración y el lugar de la reunión.

Segundo paso: recopilación de información para la reunión (opcional). Procédase como en la reunión de desarrollo de equipo de grupo familiar.

Tercer paso: condición de la reunión. Se aclaran los objetivos y el procedimiento de la reunión. La información recopilada (opcional) se presenta ahora a toda la reunión en hojas de rotafolio.

Cada grupo se reúne por separado para preparar las listas siguientes:

- Lista de la retroalimentación positiva: versa sobre los valores del grupo y sobre la manera en que ha trabajado con otro grupo.
- Lista de antipatía: versa sobre las cosas que le disgustan al grupo.
- Lista de empatía: contiene una predicción de lo que el otro grupo tiene en su lista.

A continuación, los grupos se reúnen. Un representante de cada grupo presenta las listas de su grupo. Durante este periodo, el consultor disuade de cualquier discusión que no esté dirigida específicamente a aclarar el punto de vista del otro grupo. Luego, todo el grupo prepara una agenda de trabajo y establece prioridades.

A fin de trabajar en cada artículo de la agenda e informar a todo el grupo, se forman subgrupos. Es importante que ambas organizaciones sean representadas en cada subgrupo. En presencia de todo el grupo, se pide a uno o más de los subgrupos que integren un acuario, después del cual la audiencia criticará a los miembros del acuario en su habilidad y disponibilidad de ayudarse mutuamente.

Los subgrupos informan a todo el grupo, mismo que formula una lista de artículos de acción, a los cuales se compromete a llevar a cabo. Tales artículos son asignados y sujetos a un horario. El grupo descansa para tomar un refrigerio.

Cuarto paso: seguimiento. Una vez efectuada la reunión, la actividad del seguimiento debe asegurar que los artículos de acción sobre los cuales se estuvo de acuerdo han sido llevados a cabo y que se está manteniendo el nivel de apertura de comunicación al que se llegó en la reunión.

Usos

- Es extremadamente beneficiosa esta reunión cuando se trata de las relaciones con otra organización y éstas no son óptimas.
- También es beneficiosa para mejorar las relaciones entre el staff y la línea, el departamento de ingeniería y de manufactura, etc., y entre los departamentos de una misma organización.

Beneficios

- Probablemente su organización fue designada para que funcione con otros grupos.
- La reunión intergrupal es una manera de restaurar la actividad interdependiente para designar especificaciones.
- Estimula la salud y el vigor en las relaciones de trabajo intergrupales.

Limitaciones

Cuando son difíciles, las relaciones intergrupales requieren continua atención hasta los detalles; sin embargo, esta reunión es un excelente medio para fomentar la cooperación; empero, tenga mucho cuidado. Los grupos suelen resistirse a este tratamiento; es muy duro para muchos grupos comprender la pobreza de sus relaciones.

Sugerencias operativas

Sinceridad: los gerentes deben establecer un patrón de sinceridad. Los otros participantes pueden probar la sinceridad de aquéllos.

Responsabilidad: los gerentes deben aceptar la principal responsabilidad de la reunión; deben entender en qué se involucran, para ser conscientes de su responsabilidad.

Asistencia: invite a la gente que pueda solucionar el problema que usted desea se resuelva.

Precaución: no inicie la reunión si no ha solucionado los problemas internos serios, para lo cual recurra a una reunión de desarrollo de equipo de grupo familiar.

Duración: ésta consta de día y medio a dos días, o más si es necesario. Los miembros del grupo deben sentir que han llegado a los objetivos de la reunión.

Lugar: en donde no sean perturbados.

Tamaño del grupo: de 4 a 30.

Alcance: debe ser restringida a aquellas cuestiones que los participantes puedan hacer algo para mejorarlas.

Disciplina: siga los procedimientos planeados y el horario; sólo por una buena razón podrá modificarlos.

Diferencias culturales: conceda más tiempo cuando se trate de grupos de diferentes organizaciones, y maneje con cuidado las diversas culturas existentes entre ellos.

Énfasis: durante la reunión busque la manera en que los grupos puedan ayudarse mutuamente. Esto puede hacerse si se forman subagrupaciones con miembros mezclados de diferentes organizaciones o grupos. Enfatice las ideas de colaboración y de ayuda mutua.

Seguimiento

- Fije una fecha para una breve reunión de seguimiento, después de cuatro a seis semanas de la primera reunión.
- Mantenga a los subgrupos hasta que su trabajo sea llevado a cabo y los resultados se pongan en práctica. Continúe empleando los subgrupos mezclados si es necesario para realizar todo esto.
- Invite a un representante del otro grupo para las reuniones en las cuales hay un interés común.

Aplicaciones relacionadas

Para la primera fase de una reunión de fusión puede emplearse este formato. En ese caso, la lista elaborada por los grupos puede contener lo siguiente:

- Qué desean de la fusión.
- Qué es lo que les interesa.
- Su predicción de las listas del otro grupo.

La segunda fase debe ser como una reunión de desarrollo de equipo de grupo familiar, con todo el grupo trabajando en completo acuerdo sobre sus nuevas metas comunes y la organización.

El gerente necesita ser específico, al principio de la reunión, respecto a qué decisiones son firmes y cuáles permiten la deliberación del grupo.

El laboratorio de planeación de la carrera en la vida

Al trabajar en subgrupos de cuatro, cada participante recibe las siguientes instrucciones:

"Piense en su vida pasada, en su presente y en su futuro. Luego prepare un *collage* (véase más adelante), usando para ello cualquier clase de dibujos, palabras que pudieran relacionarse significativamente con su pasado, con su presente o con su futuro. No se preocupe por lograr explicar esta relación. Ríjase por *lo que sienta*. Después de que haya acabado el *collage,* péguelo en la pared."

Una vez que los *collages* hayan sido colocados en la pared, se dan estas instrucciones:

"Ahora imagínese que usted murió hace diez años. Escriba una carta de uno de sus mejores amigos a otro buen amigo, diciéndole algo sobre usted y su vida. ¿Qué es lo que quiere que él diga de usted? Luego, imagínese que usted murió en un accidente de automóvil a la siguiente semana. Ahora escriba una carta similar. ¿Qué diría el amigo de usted?"

Luego, cada participante presenta un collage a los otros miembros de su grupo y les lee las dos cartas que ha escrito. Con esto como base, cada participante prepara un "inventario de la vida", que conteste las siguientes preguntas:

- ¿Qué cosa hago bien?
- ¿Qué es lo que deseo, como necesidad, hacer mejor?
- De lo que debo hacer ahora, ¿qué es lo que me disgusta?
- ¿Qué deseos tengo que no he realizado?

Cada asistente prepara ahora un "inventario de la carrera" que conteste las siguientes preguntas:

- ¿Cuáles de mis habilidades y talentos han sido más evaluados por la organización?
- ¿Qué clase de experiencias de trabajo dan la mayor satisfacción?
- ¿Cuáles son mis deficiencias en el ambiente de trabajo en términos de competencia interpersonal, técnica gerencial, etc.?
- ¿Qué es lo que me disgusta en mi situación presente?
- ¿Cuáles recompensas significan más para mí: estatus, dinero, poder, reconocimiento, logro, seguridad, sensación de reto, toma de riesgos, ganar, estrechas relaciones de equipo, hacer mis propias cosas, etc.?
- ¿Qué nuevas habilidades deseo desarrollar?
- ¿Qué nuevas áreas de la carrera desearía explorar?
- Estos "inventarios de la carrera" también son discutidos con los otros miembros del grupo.

Finalmente, cada participante pone en foco este trabajo escribiendo las metas y los pasos que hay que dar para alcanzarlos, fijando fechas.

Usos

a) Es particularmente útil en los puntos críticos de la carrera; por ejemplo:

- Usted está buscando una nueva oportunidad de trabajo.
- Usted es un técnico experimentado y espera que le hagan una buena oferta, o quiere aplicar sus conocimientos, para llenar una vacante gerencial.
- Como la mayoría de los hombres que tienen 40 años, usted ya piensa en su jubilación.

b) Sirve como una parte de un laboratorio de sensitivity training o de una reunión de desarrollo de equipo, o como una reunión especial para este propósito con alguien que lo conozca bien.

· Beneficios

- Le ayuda a salir de un atolladero y le da más control sobre su vida.
- La discusión honesta le ayuda a separar los sueños de la realidad.
- Usted deja de culpar a otros por su suerte y acepta la responsabilidad en sus propias decisiones.

Limitaciones

- Si desea retener a los empleados en trabajos a los cuales no se sienten comprometidos, usted no tendrá buenos resultados. Muchos tratarán de intentar algo nuevo.
- Esté preparado para la agitación que pueda seguir a la planeación de la carrera en la vida.
- Vigile sus motivos cuando invite a alguien a este laboratorio: ¿está usted buscando un camino fácil de librarse de la gente o de moldearla?

Sugerencias operativas

- Evite que el proceso de selección de los que elige para asistir se enfoque solamente a aquellos en los que usted quiera invertir tiempo y dinero para ayudarlos en sus nuevos planes.
- Evite psicoanalizar; no es provechoso.
- El seguimiento es una parte necesaria del procedimiento.
- Dedique uno o dos días a la reunión de la planeación de la carrera en la vida.
- Consultores experimentados pueden ser de mucha ayuda.

Continuación completiva de las reuniones

Las reuniones que intentan producir el cambio presentan el problema de que inspiran expectativas optimistas, y después quizá no se logre nada.

La reunión llega a perder su eficacia, sin que ello se deba a malas intenciones, descuido o accidente. Veamos qué sucede después de una exitosa reunión de desarrollo de equipo:

Algunos pueden desilusionarse. Vienen con muchas esperanzas, quizá confiando en el consultor o en el gerente o en alguien más a quien le atribuyan un poder mágico; no obstante, hay muchos problemas que requieren atención continua durante años, como alcanzar el punto en que cada uno tome para sí la responsabilidad de confrontar abiertamente las cosas que le molestan, o en que se puede contar con la gente para no herir o retirarse ante una retroalimentación negativa, o en que sepan cómo competir sanamente y gozar en ello.

Sin embargo, probablemente la mayoría de los asistentes se han entusiasmado. Se sienten más cerca unos con otros; han tratado aspectos de los cuales antes no eran capaces; se sienten más libres y más capaces de moverse hacia las metas personales y las del grupo; se han resuelto a mejorar las cosas, etc.; no obstante, a medida que pasan las semanas de trabajo:

- Los artículos de acción empiezan a pasar inadvertidos.
- Empezamos a deslizarnos hacia las antiguas costumbres de evitar los problemas.
- Empezamos a dudar si alguien como el jefe es malo para nosotros por algo que dijimos en la reunión.
- Empezamos a dudar de que un nuevo mundo de aspectos personales, grupales y organizacionales llegará a realizarse.

La lección es obvia: los buenos resultados dependen de una acción a largo plazo.

Sugerencias para el seguimiento o continuación completiva

Haga que su próxima reunión de staff dure un poco más. Invite al consultor. Emplee el tiempo en reportar el estatus de los puntos de acción y en conducir un análisis de la reunión pasada:

- ¿Cómo se sienten ahora respecto a la reunión?, ¿nos estamos deslizando sin querer?, ¿cómo?, ¿sucedió algo en la reunión que ahora les molesta?, ¿tomamos decisiones que deberíamos revaluar?, ¿no se trajo a cuenta entonces algo que deberíamos emprender ahora? Hubo "reuniones para dos". Lleve a cabo una "crítica" (como lo veremos más adelante) en sus reuniones.

Incluya el papel del consultor en sus reuniones. Puede invitar a un consultor experimentado o puede asignarle este papel a alguien de su grupo, quizá en forma rotatoria. Su trabajo es llamar la atención sobre la efectividad de la reunión; por ejemplo, puede llamar la atención a las evidencias de aburrimiento, frustración, irritación, participación desnivelada, de salirse del tema o de falta de claridad.

Establezca un sistema probado para llamar la atención y reportar sobre los puntos de acción. Llevar a cabo esto erróneamente es algo desmotivador. Usted puede dar este papel a un miembro del staff o a su consultor, con tal de que se empeñen en ejecutarlo.

Si la reunión fue de tipo intergrupal, puede invitar a representantes de otros grupos a una de sus reuniones.

Considere recorrer toda la organización con estas reuniones; por ejemplo, si usted acaba de tener una reunión de desarrollo de equipo con su propio grupo y muchos de los problemas se centran en las relaciones con otras organizaciones, su próximo paso mayor puede ser concertar una reunión de desarrollo de equipo intergrupal con esa organización.

Probablemente, usted estará listo para otra reunión de desarrollo de equipo después de seis meses o un año.

Conserve un expediente de la historia de sus esfuerzos por cambiar y mejorar su organización. Consérvelo en un récord de asuntos, penetraciones y puntos de acción de cada reunión que haya tenido. Le dará un sentido de perspectiva y dirección, y le estimulará si usted está cometiendo los mismos errores.

B. Métodos para conocer las condiciones actuales dentro de una organización

Esta sección contiene siete métodos básicos para recopilar información:

- Cuestionario e instrumentos.
- Entrevistas.
- El sentir.
- Votación.
- Collages.
- Dibujos.
- Representación física de las organizaciones.

Los métodos están dispuestos en orden del grado de confrontación. Así, los cuestionarios son relativamente impersonales porque la fuente de información no se revela de manera pública; en cambio, en las representaciones físicas, en las cuales los participantes se colocan según el grado de influencia, hay una alta confrontación. Debe señalarse como algo práctico lo siguiente: cuanta más confrontación exista en el método, más rica será la respuesta y más fuerte el impulso al cambio; empero, los grupos varían considerablemente en su prontitud al trabajo con los métodos últimos.

La subagrupación constituye otro método importante para recopilar información; sin embargo, tiene usos más generales y, consecuentemente, se describe más adelante en la siguiente sección.

Cuestionarios e instrumentos

Los cuestionarios son un antiguo recurso seguro para detectar los sentimientos. Enviamos cuestionarios a los clientes, a los trabajadores de producción, al staff profesional, a los bajos niveles de la gerencia, etc.

Desafortunadamente, los cuestionarios tradicionales suelen desanimarnos como medio de producir un cambio significativo dentro de las organizaciones. No crean la clase de involucración personal y el diálogo, que es tan valioso para cambiar sentimientos y mentalidades. La información obtenida por los cuestionarios tiende a ser encajonada, anónima, ambigua y a dar datos fríos. Las respuestas pueden ser interesantes, pero les falta impacto. Los cuestionarios preguntan a la gente lo que *nosotros queremos saber,* y no lo que ella piensa que nosotros *debemos* saber; sin embargo, el cuestionario puede ser útil cuando se elabora conjuntamente por el gerente y los representantes de la población que él desea sondear.

Tal como es empleado en el D. O., el instrumento es semejante al cuestionario, con la importante ventaja de que es construido alrededor de una teoría gerencial, de manera que sea útil al usuario para entender la teoría y para calificarse a sí mismo y/o a su organización en términos de dicha teoría.

Usos

- Son el principal medio para aprender en un sistema completo de D. O.
- Sirven para recopilar información como parte de una específica y planeada estrategia de cambio, administrada preferentemente de manera conjunta.
- Los instrumentos se pueden usar por un grupo para recopilar información rápidamente sobre sí mismo, como parte de un diagnóstico o reunión de desarrollo de equipo.

Beneficios

- Son económicos para recopilar información de una población grande.
- Permiten un uso legítimamente estadístico.

- Los instrumentos son valiosos para la autoconfrontación, para informarse y como medios para las confrontaciones interpersonales.
- No nos pesará gastar dinero y tiempo en la calidad obtenida.
- Existe una amplia aceptación de estos métodos.

Limitaciones

- Producen respuestas encajonadas, pero pueden utilizarse como un peldaño para la confrontación.
- El riesgo es que las partes involucradas pueden sólo imitar los movimientos de involucrarse mecánicamente entre sí.
- Uno llega a ser dependiente del cuestionario de manera abusiva.

Sugerencias operativas

A menos que el objetivo sea meramente de información, asegúrese de que el cuestionario y el instrumento conduzcan a una verdadera involucración entre la gente para una acción constructiva.

Entrevistas

Es común aplicar la entrevista a los participantes, antes de un desarrollo de equipo o de reuniones similares. El entrevistador es generalmente un consultor. El propósito de la entrevista es explorar las maneras en que el grupo puede ser más efectivo.

Las entrevistas descubren las opiniones y los sentimientos positivos y negativos sobre muchos puntos: claridad de las metas individuales y grupales, impacto del estilo gerencial y asuntos personales jamás manifestados.

Las preguntas deben ayudar al entrevistado a expresar todo lo que existe en su mente sobre la vida en la organización. He aquí algunos ejemplos de preguntas abiertas:

- "¿Cómo andan las cosas por aquí?"
- "¿Qué cambios le gustaría ver?"
- "¿Cómo piensa que esta organización podría ser más efectiva?"

El entrevistador puede preguntar también sobre la gerencia:

- "¿Cómo describiría usted el estilo gerencial del señor X?"
- "¿Cómo piensa que él podría ser más efectivo?"

También se pueden hacer preguntas sobre las relaciones dentro de la organización:

- "¿Con quién le gusta más a usted trabajar?", "¿Menos?"
- "¿Quién tiene mayor influencia en su organización?"
- "¿Se mantiene usted informado de lo que pasa?"

Y sobre las relaciones con otras organizaciones pueden plantearse las siguientes preguntas:

- "Cuando hay problemas con otras organizaciones, ¿qué es lo que puede hacer con ellos?"
- "¿Puede dar algunos ejemplos de los asuntos no resueltos con otras organizaciones?"
- "¿Piensa usted que les podría aconsejar lo que les ayudaría para realizar un mejor trabajo?"

Se da retroalimentación a todo el grupo sobre la información obtenida de las entrevistas, generalmente al principio de la reunión.

Usos

La entrevista es una manera de obtener vistas y sentimientos privados. La información recopilada suele suministrar la base principal para la agenda de la reunión.

Beneficios

Una excelente manera de indagar los problemas y oportunidades de la organización es la entrevista. Ésta tiene la virtud de facilitar la expresión privada. Un entrevistador sensible puede provocar ideas y emociones que el entrevistado no ha formulado conscientemente. La entrevista también permite desarrollar confianza entre el consultor y los miembros de la organización; tal confianza es valiosa para el trabajo posterior en D. O.

Limitaciones

Una buena entrevista dura de una a dos horas. Para una organización más grande, la entrevista puede llevarse más tiempo.

Un entrevistador habilidoso corre el riesgo de obtener más información de naturaleza personal y, por tanto, amenazante que lo que el grupo pueda tratar, pues éste puede cerrarse, rechazando la información y atacando al entrevistador.

Se puede empeorar la entrevista si el entrevistador es torpe o si no es neutral. Bajo estas circunstancias, es mejor obtener información por medio de procesos abiertos de grupo, como "el sentir", la "votación", los *collages*, los "dibujos" o "la representación física de las organizaciones".

Sugerencias operativas

Entre el entrevistador, el gerente y los miembros del equipo debe haber un entendimiento para ver cómo se ha de usar la información, sobre todo respecto a proteger lo privado de las fuentes. Normalmente, se promete a los entrevistados que la información se presentará en forma anónima. El entrevistador debe ser fiel a esta promesa.

La información puede presentarse al pie de la letra o temáticamente. La primera tiene más impacto, pero no protege lo privado y algunos datos pueden ser muy peligrosos para que los maneje el grupo. El material presentado temáticamente tiene virtudes opuestas: es más frío, protege mejor lo privado y tiene un impacto más suave, generalmente es más fácil de reunirse y de comprenderse.

Presentar temas y respaldarlos con citas al pie de la letra constituye una variación en el reporte.

Si lo que se encuentra es muy crítico respecto al gerente o a otro miembro del grupo, se aconseja al entrevistador informarle de todo abiertamente al gerente por adelantado antes de que se reúna el grupo, a fin de que aquél no se vea atacado por sorpresa.

Las entrevistas pueden llevarse a cabo en una base individual o subgrupal; esta última es un medio óptimo de ahorrar tiempo. La entrevista a los subgrupos no proporciona las mismas ventajas de privacía y sensibilidad, pero la información tiende a ser de un carácter que el grupo está preparado para tratarla. Aún más, la persona que proporciona datos en una entrevista subgrupal normalmente se siente comprometida a confirmarlos en una reunión más general.

Una manera de diseminar los resultados de la entrevista es escribirlos a máquina y distribuir copias a todos los miembros del grupo. Las afirmaciones concisas y la información corroborativa pueden escribirse en hojas de rotafolio y ponerlas a la vista en las paredes.

El sentir

Éste es un método organizado mediante el cual un gerente se puede informar de los asuntos, inquietudes, necesidades y fuentes de personas en su organización con las cuales tiene poco contacto personal. Toma la forma de una entrevista no estructurada de grupo que habitualmente es grabada en cinta. La grabación puede usarse posteriormente para educar a otros.

EJEMPLO

El gerente de una organización de 2 000 miembros desea hacer su reporte anual a los empleados de cuestiones muy pertinentes a sus intereses. Para descubrir qué puntos les importan más, pide a su gerente de personal que cite a una serie de reuniones con una muestra de empleados.

El gerente de personal fija fechas a las cuatro reuniones, cada una con una duración de 2 horas y con 12 participantes distintos en cada grupo. Para ayudar al gerente general a sentir a los miembros de toda la organización, el gerente de personal selecciona a los participantes como sigue:

Grupo 1: no supervisores, empleados de oficina y técnicos.
Grupo 2: empleados profesionales y especialistas staff.
Grupo 3: supervisores.
Grupo 4: una sección transversal (o sea, una persona de cada nivel organizacional; ninguna persona reporta a otra).

Antes de programar las reuniones, el gerente general se pone en contacto con el supervisor de cada participante y le explica el propósito de la reunión y la intención de no tomar represalias.

Cada reunión comienza con una declaración del gerente de personal. Éste dice que el gerente general llegará dentro de media hora, y explica el propósito de éste sobre la reunión y su esperanza de que la conversación será abierta e informal. El gerente de personal sugiere: "Supongan que abordan un avión con destino a Europa y se encuentran sentados junto al gerente general. ¿Qué le dirán?"

También dice al grupo que le agradaría grabar en cinta la reunión, para evitarse tomar notas. El gerente general puede más tarde usar la cinta para refrescar su memoria o para presentar algo ilustrativo a la alta gerencia. Si cualquier miembro del grupo lo prefiere, el gerente de personal apagará la grabadora durante la conversación.

Durante la reunión, el gerente general pasa la mayor parte del tiempo oyendo, a veces preguntando, para asegurarse de que ha entendido bien; también expresa sus propios pensamientos e intenciones respecto a varios tópicos de lo que se dijo.

Usos

- Sirve para recopilar información como parte de un diagnóstico general de la organización.
- Sirve para darse cuenta de los deseos e inquietudes de un grupo que parece estar insatisfecho.
- Sirve para darse cuenta de cómo son entendidos los objetivos de la organización por la más variada gente de la misma.
- Es útil para examinar el impacto de un curso de acción sobre varios grupos.

Beneficios

- La interacción del grupo a menudo produce una rica información y buenas ideas.
- Es más económico que las entrevistas individuales.
- Puede dar una perspectiva más rápida de lo que pasa.
- Fomenta la comunicación de impresiones y sentimientos, así como de opiniones e ideas.
- Revisa los canales de comunicación formal.

Limitaciones

- No dará resultado, a menos que las relaciones a varios niveles sean confiables.
- No es tan estadístico como un cuestionario.
- El éxito de la reunión depende de la habilidad del gerente para oír efectivamente e involucrarse en los sentimientos de los participantes.

Sugerencias operativas

- Asegúrese de que todos los supervisores inmediatos entiendan los objetivos y posibles resultados de la reunión.
- Tomar notas puede dar lugar a un bloqueo de la discusión informal. Sólo use la grabadora si el grupo está de acuerdo, en cuyo caso explique que va a emplear la grabación honestamente.
- Dé dos horas a esta reunión.
- Dé tiempo para que algunos se familiaricen con el consultor y el gerente general.

Votación

A veces un grupo se siente molesto consigo mismo. Los miembros pueden sentirse ansiosos o fuera de tono mutuamente. Esto es síntoma de algo perjudicial que está encubierto. La manera de ventilarlo es provocar la discusión sobre asuntos no tratados. La *votación* es un buen método para esto, o un grupo puede desear evaluar su estado presente como un preludio a la acción, lo cual sería mejor.

Una manera de abordar es pedir votación al grupo sobre el problema que llama la atención respecto a las condiciones presentes. El consultor podría formular una pregunta tentativa y con la ayuda del grupo modificarla, para interrogar al grupo acerca de lo que desea tratar. Los participantes deben también decidir sobre el procedimiento para conducir la votación.

Ejemplo

El grupo ha estado planeando metas para mejorar. Por ahora, la discusión es agradable, pero letárgica. El consultor sugiere hacer votar a los miembros del grupo sobre su optimismo, sobre si ellos pueden estar de acuerdo en lograr una meta que implique un cambio significativo. El grupo consiente; entonces, el consultor sugiere un procedimiento: dibujar en el pizarrón una escala de optimismo como la siguiente:

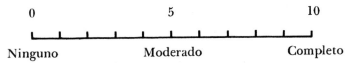

A continuación, pide a cada miembro que asigne un número a este grado de optimismo. El consultor marca cada respuesta en la escala. El grupo está de acuerdo.

Las respuestas se reúnen alrededor del 2 1/2. Ahora los miembros del grupo comienzan a comentar sobre su pesimismo, sobre su historia de las pasadas fallas en alcanzar sus metas. Comienzan a analizar sus deficiencias en sus métodos de planeación y ejecución del cambio. Más de uno de los miembros reconoce un sentimiento de culpa porque no ha sido capaz de seguir los deseos del gerente. La verdad comienza a aparecer: como grupo se han comprometido antes de planear metas reales y de comprometerse a alcanzarlas.

Usos

La *votación* es una manera rápida de ventilar problemas ocultos. Tales problemas pueden ser de dos tipos:

• los que están interfiriendo con el progreso de una reunión.
• problemas crónicos en la organización.

Beneficios

La *votación* es rápida, interesante y sencilla. Cualquiera puede elaborar sus propias preguntas y un procedimiento de votación.

Todo el grupo toma parte en el proceso y siente mayor compromiso en los resultados. Es una manera fácil para ventilar problemas y para pasar de discusiones generales e inconclusas a unas específicas que se puedan tratar. Es un método altamente flexible que puede ser improvisado para acomodarse a las necesidades del momento.

Limitaciones

Las preguntas no son pensadas tan cuidadosamente como en los cuestionarios y no se prestan a grandes grupos. Generalmente son útiles para grupos de 5 a 30.

Sugerencias operativas

No se precipite a proponer la *votación* para sus *propios* intereses. Las preguntas y el procedimiento deben ser inteligibles al grupo, pues de lo contrario las respuestas no serán útiles y los demás miembros comenzarán a dudar de usted.

La involucración del grupo es importante, pues la votación puede tocar las partes sensibles del grupo. Cuando éste aprueba el procedimiento, es señal de que le ha llegado a su sensibilidad. Si existen en el grupo relaciones muy sensibles, es mejor que se tenga a un consultor competente para este procedimiento.

Tenga cuidado sobre el aspecto secreto de la información recopilada y no provoque discusiones que el grupo no quiera tratar.

Una vez que las preguntas hayan sido contestadas proceda a la discusión inmediatamente y de manera específica. Las discusiones vagas o generalizadas causan confusión.

Collages

Se puede pedir a los individuos, subgrupos o grupos que preparen *collages* sobre un tema (por ejemplo, cómo siente a este equipo, etc.). Los materiales para el collage incluyen hojas largas de papel, fotografías y textos recortados de las revistas, crayones, pegamento, tijeras, etc.

Cada collage terminado es descrito a todo el grupo por el individuo o subgrupo que lo haya preparado. Si sólo se ha hecho un collage por todo el grupo, sobre él versará la discusión.

Usos

Sirve como instrumento para trazar la topografía cultural y emocional del grupo, y para que los miembros se expresen mutuamente de manera profunda y personal.

Beneficios

Los collages pueden ser efectivos para propiciar el acercamiento; después, el grupo puede estar más dispuesto a tratar asuntos personales e interpersonales. Además, los collages son divertidos.

Cuando el grupo produce un collage grande, los miembros están orgullosos de él. Esta experiencia los unifica.

Limitaciones

- Los grupos formales considerarán esto como un juego de niños.
- Los collages son muy expresivos; por otra parte, pueden reve-
 "lar poco que sea específico y difícil de expresar.

Sugerencias operativas

Sea atrevido en proponer al grupo que venza su resistencia a este juego de niños. Si ellos quieren, deje a los participantes suge-rir el tema. Proporcione muchas revistas y un amplio espacio. Su-giera a los participantes que recorten figuras, fotografías o textos que puedan insinuar algo de lo que ellos intentan expresar.

El tiempo para preparar los collages puede ser de media hora a una hora y media. No permita que la interpretación de los collages sea abusivamente un mero juego. El objetivo es entender al que los presenta, sin hacerlo sentirse defensivo.

Haga que el jefe del grupo sea el último en presentar su collage para que no afecte a los demás.

Dibujos

A un miembro del grupo, o a algunos o a todos se les pide que hagan un dibujo sobre un aspecto de la vida individual o sobre la naturaleza de la organización. Se hacen los dibujos en grandes ho-jas de papel pegadas a la pared; luego se pide a los autores que dis-cutan sus dibujos en presencia del grupo. Los demás miembros pueden preguntar para aclarar el propósito del autor. Entonces se eligen los temas y problemas comunes, o las significativas diferen-cias de opinión de entre los dibujos, y se escriben en hojas de rotafolio.

Ejemplo de cómo dar instrucciones

Dibujen un círculo por cada persona del grupo, incluyendo a su jefe y al jefe de éste. Hagan el círculo proporcionalmente más gran-de para aquellos individuos que parecen tener una influencia más grande sobre la manera como el grupo hace su trabajo.

Coloquen los círculos cerca o lejos, dependiendo cuán cerca sienten ustedes que esos individuos deben trabajar juntos para hacer bien su trabajo. Pónganles a los círculos los nombres de las personas. Con una línea azul, conecten a esa gente que esté personalmente cerca una de otra. Conecten con una línea roja a aquella gente que está separada (por ejemplo, individuos que se comunican muy poco unos con otros o que tienen fricciones entre ellos).

Otros ejemplos

Dibuje una figura para mostrar cómo se siente uno en su organización.

Dibuje una figura de su organización tal como se encuentra hoy día y otra figura de cómo le gustaría a usted que fuera en el futuro.

Usos

- Los dibujos sugeridos anteriormente pueden ser un medio efectivo para ventilar problemas de grupo.
- Pueden emplearse para describir una situación presente.
- Pueden manifestar lo que quieren los individuos y lo que esperan.
- Pueden utilizarse con el fin de elaborar una agenda para el desarrollo de equipo o reuniones similares.

Beneficios

Las figuras a menudo son un compendio de significación; aún más, estimulan a trabajar con ésta. Los dibujos pueden permitir una fácil discusión de materias delicadas.

Limitaciones

Los dibujos constituyen un medio expresivo, pero son difíciles de hacer para algunos, a menos que las direcciones sean muy literales y fáciles de seguir.

Sugerencias operativas

- No intente abarcar varios tópicos en un solo dibujo.
- Emplee bastante tiempo en las instrucciones para que los miembros entiendan los objetivos de la actividad.
- No desanime a la gente si se aparta de sus instrucciones, pues el individuo puede hacerlo mejor a su manera.
- Cuando una persona presenta su dibujo al grupo, anímela a que aclare las preguntas.
- *Desanime* la discusión general o alguna mala interpretación del dibujo.
- Tenga preparadas hojas grandes de papel, pegamento y plumones de colores.
- Unos grupos necesitan más guía que otros.

Representación física de las organizaciones

Se pide a los miembros de un grupo que se ubiquen en el lugar de reunión de acuerdo a algunas características del grupo; por ejemplo, si a algunos les molestan ciertos círculos de miembros, se puede decir a cada uno que se junte con los que se relacionen íntimamente entre sí y que se aparte de los que mantienen frías relaciones entre sí; o bien, si el problema es una influencia inapropiada, puede pedirse a los miembros que se coloquen cerca o lejos del jefe, de acuerdo al grado de influencia que sienten que tienen para con él. Generalmente, el gerente se coloca en medio del cuarto. Se pide a los miembros que pongan atención a cualquier aspecto del desplazamiento de los demás que les parezca inexacto. La discusión normalmente tendrá lugar en forma espontánea.

Usos

Sirve para ventilar problemas molestos de grupo: camarillas, sentimientos, influencias, competencia, canales de comunicación, etc.

Beneficios

Es un instrumento rápido y óptimo de diagnóstico, diseñado para revelar asuntos personales que molestan al grupo.

Limitaciones

Para algunos grupos, este método les parecerá muy atrevido y que puede resultar más negativo que positivo.

Sugerencias operativas

Se necesita un consultor calificado.

C. Métodos para mejorar la calidad de las reuniones

Esta sección presenta cinco métodos de amplia utilidad:

- Hojas de rotafolio.
- Ronda en el cuarto.
- Crítica.
- Subagrupaciones.
- El acuario.

Estos métodos se hallan dispuestos en orden decreciente, según la frecuencia en que son utilizados. No haga uso excesivo de ellos.

Hojas de rotafolio

Las hojas largas de papel son el instrumento básico del trabajo en grupo. Estas hojas imponen disciplina, sin necesidad de dar órdenes. Se colocan en un caballete o se pegan en la pared. Cualquier cosa que pase en la reunión y que sea importante se escribe en estas hojas, quedando a la vista de todos. Las hojas que son útiles para el seguimiento se conservan. En la mayoría de los casos, el consultor escribe en ellas lo que ocurre de importancia; también puede hacer lo mismo el jefe o cualquier miembro del grupo si sienten que así pueden aclarar sus puntos de vista.

Usos

- Sirven para exponer los datos que fueron recopilados antes de la reunión.
- Sirven para elaborar una agenda en la que se está de acuerdo.
- Son útiles para conservar ideas significativas o asuntos que ocurren durante la junta.
- Sirven para presentar hechos o conceptos.
- Permiten recopilar listas de acción.
- Sirven para acoger o especular con ideas.

Beneficios

- Cuando son usadas apropiadamente estas hojas, se proporciona a la gente una manera fácil de comprender lo que pasa, se enfoca la atención del grupo manteniendo disciplina y paz, y se imparte un sentido de dirección y movimiento.
- Previenen que hechos o sentimientos importantes sean pasados por alto.
- Fijan la responsabilidad individual sobre artículos de acción.
- Tienden a legitimar los sentimientos, haciendo que se pierda el temor de ellos.
- El proceso de esta información sobre los sentimientos tiende a moderar el conflicto interno y, por consiguiente, ayuda al grupo a que participe.

Limitaciones

Las hojas no son siempre convenientes. Pueden distraer cuando los participantes están expresando sus sentimientos.

Sugerencias operativas

- No olvide papel "scotch".
- Ponga las hojas a disposición de todos.
- Invite a los miembros a que pasen a escribir o a corregir algo.
- Coloque en la pared las hojas importantes, pero no pegue muchas, pues se puede perder el interés o confundir a los asistentes.
- Escriba claro, con plumones.
- Use los colores efectivamente (el negro sugiere mandato, el rojo alarma, el azul optimismo).
- Después de la reunión, mande a mecanografiar el contenido de las hojas, y distribuya éstas entre los asistentes.

Ronda en el cuarto

Este procedimiento es sencillo; consiste en dar vueltas uno tras otro y preguntar a cada quien que determine su posición emotiva respecto a ese momento.

E JEMPLO

Un gerente y su grupo de 16 están ocupados en una reunión de un día para discutir la reorganización. Al presente, están organizados como un *pool,* del cual el gerente hace designaciones individuales o grupales *ad hoc.* Ahora el gerente ha propuesto que formen cuatro equipos sin líder y autoadministrados. La naturaleza del trabajo requiere que la gente en estos equipos trabaje junta muy cerca, bajo una alta presión. Hay fuertes objeciones en el grupo respecto a varias implicaciones de lo propuesto. De alguna manera, los miembros de cada equipo tendrán que asumir la responsabilidad del desempeño de uno y otro, sus gustos y aversiones. Tendrán que desempeñar otras funciones que tradicionalmente pertenecen al jefe. La discusión termina y el consultor pide un descanso.

Cuando el grupo se vuelve a reunir, el consultor sugiere que den vueltas al cuarto, relatando cada persona su posición emotiva respecto a ese momento. Él empieza con el miembro más joven del grupo, que había hablado poco hasta entonces. El joven dice: "No entiendo lo que siento. Cuando interpreto lo propuesto, el tipo de relaciones de las que estamos hablando son aquellas que necesitamos para desempeñar mejor nuestro trabajo." Su interpretación redujo la aprensión. A medida que cada persona hablaba, llegaba a ser evidente que el grupo estaba preparado para ensayar lo propuesto.

Usos

- Sirve cuando el grupo está aferrado a los puntos de vista de aquellos que dominan la conversación.
- Sirve cuando parece que el grupo ha agotado las soluciones.
- Permite saber dónde se encuentra el grupo durante los momentos clave de la reunión.
- Es una excelente manera de terminar una reunión.

Beneficios

- Evita que unos cuantos dominen.
- Ayuda a los que tienen poca intervención en el grupo a que participen.
- Uno nunca sabe cuándo alguien está sentado y retiene una contestación.
- Generalmente vuelve la conversación a canales más productivos.
- Puede ser muy efectivo para involucrar a los miembros en la reunión.
- Ayuda a desembarazarnos de problemas que para exteriorizarlos no teníamos valor.
- Fomenta nuevas ideas.
- Produce una retroalimentación positiva y compromiso personal que ayuda a que el grupo se consolide.

Limitaciones

Este método apartará a los miembros si el nivel de confianza en el grupo es bajo.

Sugerencias operativas

- Úselo a menudo, excepto cuando el nivel de confianza en el grupo sea bajo.
- Casi es imposible sobrepasarse.
- Empiece con aquellos que no tienen idea de lo que es este método.

Crítica

Una crítica es un comentario de lo que pasa. Puede tener lugar espontáneamente; sin embargo, podemos planearla reservando un poco de tiempo para que los participantes reflexionen en voz alta sobre lo que han estado haciendo.

EJEMPLO

Aburrido e irritado por sus propias reuniones de staff, el gerente determina cambiarlas. Al final de las tres reuniones siguientes, da la vuelta al cuarto, pidiendo a cada persona que comente sobre:

- La viveza de las reuniones.
- Su utilidad y pertinencia.
- Cambios propuestos en el estilo gerencial, contenido o formato.

Más tarde, el staff planea algunos cambios. Entonces se pone de acuerdo en:

- Citar a diferentes clases de reuniones para distintos propósitos (información, solución de problemas, etc.).
- Invitar solamente a aquellos miembros del staff a los que les signifique mucho el contenido de la reunión.
- Modificar su horario de reuniones.
- Tener reuniones cuando sean necesarias.
- Reunirse menos frecuentemente.

Usos

- Rutinariamente, sirve como medida de la efectividad de una actividad.
- Es una manera de infundir vida en procedimientos tediosos.
- Es un medio de contrarrestar a la gente que pide más reuniones de las necesarias.
- Sirve como lista de verificación durante una larga sesión.

Beneficios

- La crítica es sencilla y rápida.
- Distribuye responsabilidad de la efectividad entre todos los participantes, en lugar de colocarla sólo en el gerente.
- Muchos de los que sólo escuchan, hablarán.
- Finalmente, la crítica mejora las buenas maneras.

Limitaciones

Como cualquier otra cosa, la crítica puede llegar a ser un rito vacío. Si el que tiene la culpa es el gerente y nadie le llama la atención, se intensificará el caos.

Sugerencias operativas

- Conceda un tiempo corto (dos o tres minutos por persona) para la crítica.

- Reserve tiempo para las críticas.
- Evite trabajar en problemas durante la crítica o para liberarse de ella.
- Felicite por lo que se ha hecho bien y haga ver lo que estuvo mal.
- Anime a todos a que participen.

La crítica debe ser algo común en sus reuniones. Urja a la gente para que comente *inmediatamente* lo que está haciendo el grupo, y no hasta después de que todo haya acabado.

Si el grupo está de acuerdo en efectuar cambios y éstos no se realizan, las críticas tomarán un tono de futilidad. El propósito de la crítica es adquirir retroalimentación para hacer algo mejor, y no dejar que la gente siga por caminos errados.

Subagrupaciones

El grupo se divide temporalmente en subgrupos de dos a seis personas. A los subgrupos se les asignan tópicos individuales o un tópico general para discutir. Cada subgrupo resume su discusión ante todo el grupo que se vuelve a reunir; luego se discute la información por todo el grupo.

Ejemplo

En una reunión de desarrollo de equipo se incluyen tanto empleados profesionistas, como de oficina. A fin de sondear los asuntos para la agenda, el grupo se dividió en subgrupos homogéneos, cada uno de los cuales reportó sus artículos de agenda. Por primera vez, se oyeron las voces de los empleados oficinistas.

Usos

- Es una manera de recopilar información sobre las condiciones actuales dentro de la organización o sobre cambios deseados.
- Sirven para formar una agenda, trabajar en sus artículos y establecer prioridades.
- Es una manera de progresar cuando el grupo está estancado.

Beneficios

- Las subagrupaciones son más rápidas que trabajar en un grupo grande.
- Mantienen al grupo involucrado en lo que pasa.
- Dan a cada miembro la oportunidad de ser oídos.
- Permiten una amplia muestra de información, ideas y opiniones.

Limitaciones

Parte de la información obtenida en los subgrupos puede perderse o ser alterada cuando se le reporta a todo el grupo. Si es importante que *todo* el grupo participe en una experiencia, no forme subgrupos.

Los subgrupos pueden fomentar la competencia, misma que puede ser o no apropiada a sus propósitos. Cuanto más dure la experiencia de la subagrupación, más insistirán en la independencia respecto a todo el grupo; por tanto, será necesario proporcionar medios especiales para facilitar los caminos entre los subgrupos.

Sugerencias operativas

Resistencia: generalmente los grupos se resisten a dividirse en subgrupos; sin embargo, hay que instigarlos porque vale la pena.

Homogeneidad: los grupos homogéneos facilitan a los individuos a hablar, en tanto que los grupos heterogéneos tienen la ventaja de reunir opiniones más divergentes y así facilitar el conflicto constructivo. Incluyendo gente de diferentes grupos para tratar problemas comunes, usted puede ayudarles a trabajar juntos de una manera colaborativa en esos problemas.

Selección: si usted ve que es importante formar subgrupos de personas a quienes les gusta trabajar juntos, haga que ellas mismas seleccionen sus propios grupos. De otra manera, destine miembros de acuerdo a un principio (representación, unidad organizacional, etc.).

El líder debe estar preparado para explicar la base de la selección si el grupo está molesto con sus selecciones, retos y razones.

Asegúrese de que cada subgrupo entienda su designación y seleccione un reportero. El producto de cada subgrupo debe ser presentado en hojas de rotafolio.

Consolide información para una agenda, una lista de acción, etc. Esto puede hacerlo el líder de todo el grupo (estando presente el gerente general o el consultor), los reporteros del subgrupo o un grupo especial designado para este propósito.

Construcción de un puente: vuelva a reunir a la gente y reporte que lo que pasó es la manera más común de unir la experiencia de los subgrupos. Otra manera es pegar en la pared los productos de cada subgrupo para que todos puedan verlos y discutirlos informalmente. Asimismo, pueden formarse nuevos subgrupos transversales para la próxima etapa de los negocios, o reunir en subgrupos a miembros de diferentes grupos.

El subgrupo puede trabajar más efectivamente si designa a uno de sus miembros o a un extraño como consultor. Esto es necesario si la vida del subgrupo excede de una hora.

El acuario

Los asistentes se disponen en círculos y triángulos concéntricos, como se ve en la siguiente figura:

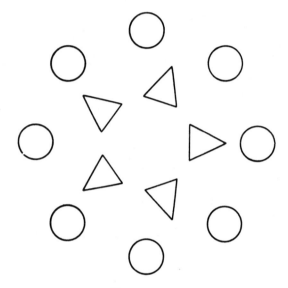

Figura 4.15.

Las personas de los triángulos interiores (el acuario) toman la parte activa; por otro lado, los círculos exteriores corresponden a observadores cuya tarea es escuchar y son relativamente inactivos.

Usos

- Sirve para diseminar información del grupo acuario a un grupo que no está involucrado directamente.

EJEMPLO: un nuevo equipo de alta gerencia, para un proyecto mayor, forma un acuario con el fin de darse a conocer a sí mismo y sus puntos de vista a los niveles más bajos de la gerencia.

- Sirve para desarrollar información dentro de un grupo y trasmitirla a un segundo grupo cuando éste se halla involucrado directamente, pero necesita escuchar durante un intervalo.

EJEMPLO: un espejo de la organización, en el cual los representantes de varias organizaciones forman un acuario para dar retroalimentación sobre el desempeño de otra unidad organizacional, como se pidió, mientras que los miembros de la última organización actúan como observadores y escuchas en el círculo exterior.

- Permite solucionar un problema en el grupo acuario cuando se desea la asistencia de los observadores.

EJEMPLO: una reunión entre dos organizaciones destinada a mejorar sus relaciones en el trabajo. Un subgrupo de agentes de ambos grupos es encargado de solucionar un importante y difícil problema entre los subgrupos. El subgrupo se reúne en acuario y es rodeado por dos grupos más grandes. Cada 20 minutos se detiene la acción en el acuario. Ahora, los observadores evalúan la efectividad de los miembros del subgrupo en ayudarse mutuamente, y hacen sugerencias para solucionar el problema.

Beneficios

- Como método de trasmitir información, la cualidad espontánea del acuario proporciona interés.
- A los que están en el círculo exterior se les da una buena oportunidad de observar y entender a los miembros del acuario.
- La técnica suministra la ventaja de la efectividad del grupo pequeño, simultáneamente con dar información a un grupo más grande.
- La presencia de los observadores presiona sanamente en el círculo interior para que se apegue al asunto.
- El tema de estudio es controlado y la discusión tiende a ser ordenada.
- Cuando se critica al grupo acuario, todos los participantes pueden aprender efectivamente las maneras de trabajar en grupos pequeños.

Limitaciones

No es adecuado cuando se necesita una presentación cuidadosamente planeada. Algunas personas tienen dificultad en trabajar enfrente de otros, y pueden resentir el proceso. Puede ser frustrante para los observadores, a menos que se provea su participación.

Sugerencias operativas

- Asegúrese de que los observadores puedan oír y ver lo que pasa en el acuario. A veces, un semicírculo puede ser mejor que un círculo.

- Asegúrese de que cada uno entienda los objetivos, el procedimiento y su papel.
- Siempre que sea necesario, estimule la participación de los observadores para que critiquen y hagan sugerencias. Para esto, coloque una silla en el grupo acuario. Un observador que tenga algo que decir o criticar puede sentarse en ella brevemente y ser así un miembro temporal del acuario.
- Si el acuario desarrolla puntos para una acción futura, alguien debe tomar notas en hojas de rotafolio para que las pueda ver todo el grupo.

D. Métodos para cambiar la cualidad de las relaciones humanas

Los métodos presentados en esta sección están destinados a sondear asuntos ocultos entre la gente, a fin de que ésta lleve relaciones más saludables. Tales métodos son:

- El *role playing*.
- Hacerse familiar.
- Escuchar.
- La retroalimentación positiva.
- Hacer tratos sobre la mesa.
- Los gustos y las reservas.
- Los encuentros callados.

No están dispuestos en cierto orden específico y son aproximadamente iguales en su utilidad.

El role playing

En este método nosotros actuamos como en un escenario. Éste puede ser en el pasado, en el presente o en el futuro. Los miembros del grupo sustituyen a uno o más de los jefes. En una nueva puesta en escena, los jefes pueden representarse a ellos mismos.

Cuando la escena ha sido actuada o si los actores se encuentran en un atolladero, el grupo hace una crítica de la realización. Si el problema aún no se ha resuelto, otros pueden asumir los papeles en una nueva puesta en escena; un subordinado puede tomar la parte de su jefe, o viceversa; o bien, dos gerentes de igual estatus y que están en conflicto pueden representarse primero a sí mismos y después mutuamente.

Otra variación es el "alter ego", en el cual un miembro intenta expresar abiertamente los sentimientos escondidos de otro.

Usos

- Es efectivo cuando hay confusión sobre lo que pasa en una relación y las partes desean saberlo.
- Es efectivo cuando la racionalidad y el entendimiento han sido reemplazados por la vehemencia o el retiro.
- Es efectivo cuando alguien tiene dificultad en entender a los demás o en expresarse.

Ocasiones típicas son las siguientes:

a) Después de una discusión, el jefe se siente frustrado y el empleado desilusionado y mal comprendido.
b) Dos personas claves han luchado sin resultados sobre quién tiene la responsabilidad de algo concreto.
c) Un gerente ha programado una reunión de dos horas· con el jefe principal, a fin de lograr su apoyo para un cambio importante. Él está pesimista de su habilidad para conducirse bien en la reunión.

Beneficios

- El *role playing* pretende mover al grupo a un resultado positivo.
- La técnica fomenta empatía y apoyo al grupo; tiende a guiar al jefe a una consideración más objetiva de sí mismo.
- El role playing es altamente estimulante porque hace aflorar los sentimientos interpersonales.
- En cuanto los miembros comienzan a identificarse con los jefes en sus conflictos, el grupo tiende a unirse y a actuar ayudándose.

Limitaciones

Tiempo: puede tomar media hora o una hora de role playing, antes de que los miembros profundicen bastante para que la experiencia sea provechosa. Algunos individuos simplemente no se ponen en el papel de otro. En esta situación, la realización puede ser superficial.

Sugerencias operativas

- Una dificultad entre dos o más individuos es suficiente para considerar el role playing.
- Al escoger los actores, busque a los miembros que han tenido empatía para con los jefes, o pregunte.

- Sugiera que los actores cambien su posición en el cuarto. Un actor puede ocupar la silla de la persona cuyo papel él asume. Un "alter ego" podría estar de pie detrás del jefe o sentarse enfrente de éste.
- Empiece la actuación con el evento (pasado, presente o futuro) que parezca de mayor importancia para el problema.
- Como director, presione persistentemente.
- Puede suceder que todos quieran dar un consejo. Desanímelos.
- Si los actores no llegan a ponerse de acuerdo, invierta los papeles o cambie de actores.
- Sustituya actores si alguno promete hacerlo mejor. Incorpórese a la escena si es necesario.
- Una vez que los jefes y el grupo comiencen a captar lo que está pasando en las relaciones, considere una nueva puesta en escena, en la cual los actores representen lo que se ha aprendido.
- Después de la actuación, anime al grupo a discutir y resumir las lecciones aprendidas.
- Es necesario auxiliarse de un consultor habilidoso.

Hacerse familiar

Cada uno se junta en pareja con una persona a quien no conozca muy bien y le pregunta algo personal; por ejemplo: ¿qué le gusta o le disgusta de su trabajo?, ¿cuáles son los objetivos que tiene para su carrera o en su vida?, ¿qué le agrada o desagrada del trabajo que usted hace?, ¿quién es usted?, ¿qué ha sido de su vida?

Después de que el grupo se forma de nuevo, cada miembro presenta a su compañero al grupo.

Esta clase de entrevista se puede hacer en grupos de tres o más si las preguntas son menos personales y de una finalidad más estrecha. Las presentaciones se pueden hacer a un subgrupo si todo el grupo es masivo. La composición de los subgrupos puede entremezclarse y se puede repetir el proceso hasta que cada miembro haya sido presentado a otro.

Usos

- Permite ayudar a los extraños a adquirir una impresión rápida y reveladora de otra persona.
- Despierta un fresco interés entre la gente que ha trabajado junta durante mucho tiempo.
- Sirve para elaborar una agenda (pregunta: "¿Qué espera adquirir de esta reunión?").
- Puede ser útil también cuando una reunión está llegando a ser pobre por la desconfianza, competencia, etc. (por ejemplo,

una reunión entre dos grupos con una historia de relaciones poco amistosas).

- Ayuda a establecer rápidamente un equipo.

Beneficios

- Es una manera rápida y efectiva de convertir a los extraños en amigos, de vencer el aislamiento o la hostilidad.
- Aviva la conversación.
- Da a todos los participantes oportunidad de influir en el curso de las horas siguientes.

Limitaciones

- En una reunión grande, no pueden ser presentados todos a todos sin emplear mucho tiempo.
- Cuando este método es usado impropiamente, puede introducir un aire de falsa amistad.

Sugerencias operativas

- Explique por adelantado todo el procedimiento, a fin de que cada quien sepa qué es lo que va a suceder y el tiempo que se va a tomar para ello.
- Escoja el tipo de preguntas de entrevista que sean apropiadas al propósito de la junta y a su nivel de confianza. Ciertos tópicos pueden tomar más tiempo de lo que uno se figura; otros pueden ser superficiales o demasiado personales.
- Escuche al grupo. Si a los miembros del grupo no les gustan las preguntas de entrevista que usted propone, puede haber en ello una buena razón.
- Si la información tiene que ser usada para ayudar a formar la agenda, registre la información significativa de las presentaciones en las hojas de rotafolio.
- A efecto de agilizar el proceso, utilice los grupos más grandes que se puedan manejar para entrevistarlos y para las presentaciones.

Escuchar

E JEMPLO

Pedro y Pablo están continuamente en dificultades. Les parece a quienes los observan que ellos son mejores para hablar que para escuchar. Al aumentar la hostilidad, ellos se vuelven más sordos. ¿Qué es lo que usted espera hacer?

Primer paso: dígales que pongan atención.

Segundo paso: desafíelos a que se oigan mutuamente, y con rapidez pídales que lo prueben. Una prueba rigurosa es la siguiente: ordene a cada uno que repita lo que el otro haya dicho, hasta que él lo pueda hacer apropiadamente.

Tercer paso: pida a Pedro y a Pablo que hablen de sus sentimientos durante un rato, en vez de argumentar.

Cuarto paso: si ellos no pueden, considere la posibilidad de pedir a los miembros del grupo que les ayuden, ofreciéndoles su punto de vista de no estar de acuerdo o representándoles un *role playing*.

Usos

Este método puede emplearse en todo tipo de reuniones, incluyendo aquellas especialmente designadas para determinado propósito; por ejemplo, Pedro y Pablo pueden reunirse con el consultor para que los asesore.

Beneficios

• Acaba con las discusiones injuriosas.
• Transforma la controversia en colaboración.
• Mejora las habilidades para escuchar y la habilidad del grupo para enfrentarse a la sordera social.
• Ayuda a hablar a los que no participan en el grupo.

Limitaciones

• Toma tiempo.
• A veces es difícil hacer que la gente logre el propósito de esta reunión.

Sugerencias operativas

• No proceda a actuar más allá de lo que se necesita.
• Si se logra su objetivo en el primero o segundo paso, ya no continúe.
• Si el antagonismo o la desconfianza son fuertes, empiece a trabajar los sentimientos.
• Si es necesario, sea enérgico y persistente.

La retroalimentación positiva

Retroalimentar es hacer saber a la otra persona cómo estamos recibiendo sus señales. La retroalimentación positiva significa decirle que aprobamos su conducta. Esto parece sencillo, pero es estimulante e intenso.

EJEMPLO

Juan estaba perplejo. Era ya cerca del fin de la tercera reunión de negocios con otros grupos y todos estaban aún en desacuerdo. El les dijo: "¡Bien! ¿y qué?" Alguien sugirió que cada quien dijera algo positivo de los demás. Siguieron 5 minutos de silencio. Pedro dijo que esto era una idea sin sentido, pero los demás lo callaron. Después de un lento comienzo, empezaron a exponer sus puntos de vista. La siguiente reunión la llevaron a cabo de manera apropiada y rápida.

Usos

- Sirve cuando hay desacuerdo o una atmósfera de recriminación.
- Resulta útil cuando el grupo ha intentado la solución criticando, pero los resultados han sido negativos, la situación tensa y no se ve que vayan a obtenerse resultados satisfactorios.
- Cuando alguien pide retroalimentación y usted piensa que esa persona no la va a aceptar, empiece primero con retroalimentación positiva o combine ésta con la negativa.
- Sirve cuando deseamos saber si lo que estamos haciendo ha sido comprendido.
- Resulta útil cuando un grupo está desalentado.
- Como parte normal de la comunicación diaria.

Beneficios

La gente se siente más amistosa, menos en guardia, más eficiente y más dispuesta a cooperar.

Limitaciones

Muchas personas tienen dificultad en aceptar alabanzas. Un asomo de falta de sinceridad las desespera. También pueden tomar la retroalimentación positiva como manipulación.

Sugerencias operativas

Establezca reglas claras sobre el tiempo que va a durar la retroalimentación. Asegúrese de que la participación sea voluntaria.

Es muy difícil hacer la retroalimentación y se necesita mucha táctica. Después de empezar a hacerla, llega a ser ardua y despierta muchos "peros" en la gente. No permita la retroalimentación negativa. Los principales beneficios provienen de apegarse a ella sólo cuando la manera de tratarse es tosca y confiable. Anime a los grupos a mantenerse en marcha durante el tiempo establecido.

Cuando se termine el ejercicio, proceda a resolver conflictos de sentimientos y problemas.

La retroalimentación positiva puede ser una autoretroalimentación. A menudo nos preocupamos demasiado por nuestras deficiencias. Cuando esto sucede, los grupos pierden su sentido de poder. Pida a cada persona que conteste a preguntas tales como: ¿cuándo me siento más eficiente?, ¿en qué parte de mi trabajo tengo más diversión?, ¿cuándo siento que tengo más influencia en mi trabajo?, etc.

Hacer tratos sobre la mesa

En una reunión de desarrollo de equipo, Juan y Pablo han tenido una discusión áspera y no concluyente sobre las pobres relaciones que Pablo tiene con un cliente. El grupo se inquieta cada vez. El consultor interviene y esboza el procedimiento y los temas para hacer un trato. Juan y Pablo lo aceptan; 10 minutos después los problemas ocultos comienzan a aflorar para ser examinados. Pablo consiente en que Juan tenga algunas ideas que podrían ser provechosas para solucionar dichos problemas, pero le objeta que las haya obtenido con dificultad; por su parte, Juan se siente despreciado y desea ser respetado por Pablo como una persona con ideas e iniciativa.

Usos

- Sirve como parte del marco de una reunión de desarrollo de equipo.
- Permite analizar y aclarar intercambios ambiguos y relaciones difíciles en un grupo.

Beneficios

Mucha de la basura interpersonal en un grupo proviene de no haber sido éste claro, ni explícito sobre lo que desea. No somos claros en nuestras mentes respecto a lo que queremos, o empleamos métodos indirectos y manipulativos para lograr lo que deseamos. Todos tenemos nuestro juego: aplastar verbalmente la oposición y las políticas, "soy una buena persona, sean ustedes también buenos conmigo", etc. Todas estas tácticas fomentan el mal entendimiento y la desconfianza.

Hacer tratos es un paso para reemplazar los juegos por una negociación directa de hombre a hombre. Es un modo sistemático de enfocar nuestra atención a las variadas maneras por las cuales podemos ayudarnos mutuamente.

El método encaja a su prontitud para tratar con problemas difíciles, debido a que la gente involucrada decide qué asuntos se deben tratar.

Limitaciones

Este método es un tanto superficial, pero un consultor habilidoso lo puede hacer penetrante. Toma mucho tiempo hacer que un grupo emplee este método.

Sugerencias operativas

Mantenga el procedimiento en marcha. He aquí algunas maneras:

- Suspenda el negocio, y proceda si éste es superficial. Los participantes, enfrente del grupo, pueden sentirse presionados a comprometerse o a explorar posibilidades que no los involucren, particularmente si el grupo es grande.
- No permita que cada persona negocie con cualquiera. Hágala seleccionar varios negociadores, que sean los más importantes para él. Trabaje en subgrupos. Limite las negociaciones a un punto para cada cuestión.
- Varíe la cuestión para que se amolde a la necesidad.
- Asegúrese de que los negociadores se están escuchando mutuamente. Si hay alguna duda, haga que uno de ellos repita lo que piensa que el otro está preguntando.
- Si está involucrado el jefe, no lo deje intervenir hasta que los demás hayan procedido.

Los gustos y las reservas

En una reunión de desarrollo de equipo, cada participante escoge a otra persona del grupo y le hace dos afirmaciones: "lo que me gusta de ti es. . ." y "una reserva que tengo para contigo es. . .". Después de cada afirmación, el receptor lo repite hasta que el emisor sienta que ha sido oído correctamente. No hay discusión hasta que cada participante haya tomado el papel de emisor.

Usos

- Sirven para estrechar las relaciones. Se recomiendan específicamente para grupos "agradables" que tengan dificultad en hablar de sus problemas en sus relaciones humanas.
- Es una manera rápida de que el grupo pueda diagnosticar sus relaciones.

- Sirven cuando el tono de una reunión es superficial y la gente no está involucrada vitalmente.
- Sirven como un estímulo para tratar de resolver lo que se encuentra encubierto.

Beneficios

- Involucra a todos.
- El acto de repetir acentúa el escuchar cuidadosamente y desplaza la tendencia defensiva.
- Requiriendo una comunicación completa, el método fomenta confianza en el grupo.
- Como medio de aflorar los problemas de relaciones, tiene varias ventajas sobre la entrevista previa: *a)* es más rápido; *b)* está a la vista de todos, no es anónimo; *c)* trae a luz los asuntos que el grupo *está preparado* para tratar; *d)* es más confiable que el juicio de la mayoría de los entrevistadores individuales, y *e)* la información adquirida es debida a una actividad *propia* del grupo.

Limitaciones

Usando los datos de la entrevista, un consultor habilidoso puede ayudar al grupo a tratar asuntos más ásperos e importantes que los que traería a cuento mediante este método.

Este método no se aplica a todo tipo de grupos, especialmente a los muy competitivos, combativos y muy críticos, para los cuales se recomienda el método "Hacerse familiar".

Sugerencias operativas

- Insista en que el grupo siga el procedimiento repetitivo, aun cuando a primera vista parezca innecesario e incompleto.
- Después de que sea completado el círculo de enviar y recibir, comience la discusión general criticando lo que pasó; por ejemplo, ¿quién recibió la mayoría de los mensajes y quién no recibió ninguno?

Los encuentros callados

A veces, la reunión de desarrollo de equipo no progresa porque dos personas clave, por ejemplo, Arturo y Guillermo, no pueden ponerse de acuerdo en sus respectivos papeles y relaciones. Cada uno defiende su propio territorio y a su propia gente. El argumento es aparentemente racional, pero sutilmente el uno trata de humillar al otro. Al notar esto, el consultor propone un encuentro entre ellos. Una vez que ellos empiezan, se involucran totalmente. Arturo sorprende a Guillermo fuera de equilibrio y lo arroja al suelo; Guillermo, derrotado, dice "que sean dos de tres". Él gana la siguiente caída y Arturo la tercera. "Te invito un trago", le dice Arturo. Parece que no les importa quién gana. Ambos están relajados. La discusión que sigue es más libre, exploratoria y positiva.

Éste es sólo uno de los numerosos métodos callados. Hay varios grados de intensidad en este tipo de ejercicios para tratar:

- de llegar a conocerse,
- el sentimiento de sentirse relegado por el grupo,
- los sentimientos de dependencia y autoridad,
- de traer a los miembros de un grupo a estar más juntos a un nivel personal,
- las inhibiciones,
- la confianza,
- la competencia,
- la colaboración,
- los sentimientos sobre el estatus y el poder, y
- la agresividad.

Usos

- Es útil cuando fallan las palabras.
- Permite fomentar la comunicación.
- Permite inyectar vida y diversión.

Beneficios

Usamos palabras para comunicarnos, pero somos muy hábiles para emplearlas con el fin de no comunicarnos, para escondernos de los demás. Somos explícitos con la lógica, pero también la utilizamos para confundir a los demás.

Estos métodos ayudan: *a)* a revelar sentimientos que nos molestan, *b)* a fomentar la expresión de estos sentimientos de manera constructiva, *c)* a aliviar tensiones que impiden la comunicación y sofocan su energía, y *d)* a que la gente se acerque.

Cuando se emplean apropiadamente, estos métodos pueden ser muy útiles y eficaces, a pesar de su apariencia superficial y sencilla.

Limitaciones

- No surten efecto en un grupo u organización conservadores.
- Para mucha gente, estos métodos parecen sin sentido, inapropiados, desconcertantes, pueriles y hasta peligrosos.
- Pueden aplicarse en un grado extremadamente ridículo.

Sugerencias operativas

- No lo use porque es muy animado. Tenga presente qué es lo que aportará al grupo para que éste cumpla su objetivo.
- Condúzcase de manera positiva y dando confianza cuando introduzca estos métodos.
- El tiempo y lo apropiado son importantes.
- En el desarrollo de equipo hay que poner atención a los indicios de que el grupo no puede tratar sus fuertes sentimientos de manera verbal; entonces piense qué clase de métodos callados ayudarán.

Unidad 7

Estrategia
en D.O.

Una estrategia frecuente en los programas de D. O. está basada en lo que los científicos del comportamiento llaman "acción para investigar un modelo".

Este modelo implica una extensa colaboración entre el consultor (como agente o un agente de cambio, interno o externo) y el grupo de clientes, para recopilación de datos, discusiones de datos y planeación. Mientras las descripciones de este modelo varían en detalles y terminología del autor, las dinámicas son esencialmente las mismas.

La tabla 4.4 resume algunas fases esenciales del modelo de investigación de acción, usando un programa de D. O. que surja como ejemplo. Los aspectos clave del modelo son diagnóstico, recopilación de datos, retroalimentación al grupo de clientes, discusión de datos y trabajo por el grupo de clientes, planeación de la acción y acción. La secuencia tiende a ser cíclica, con el enfoque sobre problemas nuevos o avanzados con los cuales el grupo de clientes aprende a trabajar junto más efectivamente.

La investigación de la acción debe ser considerada también como proceso, puesto que, como William Foote Whyte dice, implica "...una continua recopilación y análisis de los datos de investigación de los hallazgos dentro de la organización, llevados a cabo de tal manera que sean apropiados para cambiar el comportamiento".

Idealmente, los objetivos iniciales y estratégicos y los esfuerzos del D. O. se originan en un diagnóstico cuidadoso de asuntos diversos, como problemas interpersonales e intergrupales, proceso de toma de decisiones y flujo de comunicación, que actualmente son experimentados por el cliente de la organización. Como paso preliminar, los científicos del comportamiento y el cliente clave (el presidente de la compañía, el vicepresidente, el encargado de un departamento, el gerente, el superintendente de una planta, etc.) harán juntos una valoración inicial de los problemas críticos en

Tabla 4 4. Modelo de investigación de acción para el D O.

1. Percepción que el ejecutivo clave tiene de los problemas.	7. Recopilación de datos.	11. Acción (nuevo comportamiento).
2. Consulta con el consultor científico de la conducta.	8. Retroalimentación al cliente-grupo (por ejemplo, un resumen de la retroalimentación por el consultor, sobre las sesiones del desarrollo de equipo).	12. Recopilación de datos (revaluación del estado del sistema).
3. Recopilación de datos y diagnóstico llevados a cabo por el consultor.		13. Retroalimentación.
4. Ulterior recopilación de datos.		14. Discusión y trabajo sobre la retroalimentación y los datos que surgen.
5. Retroalimentación al cliente clave o al cliente grupo.	9. Discusión y trabajo sobre los datos de retroalimentación por el cliente-grupo (emergen nuevas actitudes y perspectivas).	15. Planeación de acción.
6. Conjunta planeación de acción (objetivos del programa de D. O. y medios de lograr las metas; por ejemplo, "desarrollo de equipo").	10. Planeación de acción (determinación de objetivos y cómo alcanzarlos).	16. Acción.

que necesitan trabajar. Los subordinados pueden intervenir también para proporcionar datos adicionales. El diagnóstico puede indicar muy bien que el problema central es tecnológico o que el cliente clave no está del todo dispuesto o listo para examinar la habilidad de solucionar los problemas de la organización o de su propia conducta gerencial. También puede ser una razón para posponerse o moverse despacio en la dirección de las actividades del desarrollo de la organización, que el problema tecnológico quede vinculado con las deficiencias en las relaciones interpersonales o toma de decisiones.

El diagnóstico que se enfoca sobre las necesidades expresadas por el cliente es extremadamente crítico. Como temprana discusión, en ausencia de un diagnóstico habilidoso, los agentes de cambio científicos del comportamiento impondrán un grupo de planteamientos de objetivos que puedan estar separados de la corriente de problemas de la organización en su deseo de adquirir nuevos modos de aprendizaje. En esta consideración, es extremadamente importante que el consultor escuche y entienda lo que el cliente está tratando de decirle. Esto requiere gran habilidad.

Las entrevistas se usan frecuentemente en el D. O. en la recopilación de datos para el diagnóstico de las sesiones siguientes, desde que la relación personal es importante para la creación de cooperación entre el consultor y el grupo de clientes. La entrevista es relevante desde que los consultores científicos del comportamiento están interesados en la espontaneidad y en sentimientos que son expresados también como asuntos conocidos; sin embargo, en ocasiones, los cuestionarios se emplean exitosamente en el contexto de lo que algunas veces es referido como retroalimentación, para reforzar los datos de una entrevista.

La recopilación de datos atraviesa por muchas fases, la primera de las cuales se refiere al diagnóstico del estado del sistema y a la elaboración de planes para el cambio organizacional. En esta fase se puede utilizar una serie de entrevistas entre unos cuantos ejecutivos claves y el consultor. Las fases siguientes se enfocan sobre problemas específicos del equipo de ejecutivos y del equipo de subordinados. (Véase la figura 4.16.)

Preguntas típicas en la recopilación de datos o "sensibilización del problema" incluirán: ¿qué problemas observa en su grupo, incluyendo aquellos entre personas que interfieren en la forma en que a usted le gustaría que se hiciera? y ¿qué problemas ve en su organización en general? Estas preguntas abiertas provienen de una gran amplitud por parte de los entrevistados y fortalecen un informe de los problemas como son vistos por el individuo. Dicha entrevista generalmente se efectúa en privado, con un compromiso por parte del consultor de que la información será utilizada a modo de evitar poner en aprietos a alguien. La intención es encontrar problemas comunes o hacer surgir algún tema con el uso constructivo de datos para fines de diagnóstico y retroalimentación.

Durante dos o tres días se debe trabajar fuera del lugar de trabajo, para el desarrollo de equipo o sesiones de grupo para la solución de problemas. Muchas veces esto se convierte en el enfoque principal de los programas de D. O. Durante esas juntas, el científico del comportamiento provee la retroalimentación al grupo en términos de los temas surgidos en las entrevistas de sensibilidad de los problemas; puede, además, alentar al grupo a determinar en qué aspectos o temas se debe dar prioridad y dedicar más tiempo. Estos temas suelen proporcionar datos sustanciales y significativos para que los grupos empiecen a trabajar. Uno a uno, los asuntos interpersonales tienden positiva y negativamente a surgir de modo espontáneo, mientras los participantes ganan confianza por el apoyo sentido en el grupo.

Diferentes consultores variarán en su forma de comportarse en dichas sesiones, pero servirán típicamente como observadores de "proceso" e intérpretes de una interacción de dinámica de grupo,

1ª fase. Recopilación de datos, retroalimentación y diagnósticos; el consultor y el más alto ejecutivo solamente.

2ª fase. Recopilación de datos, retroalimentación y diagnóstico revisado; el consultor y dos o más miembros del staff clave o de la línea.

3ª fase. Recopilación de datos y retroalimentación a todo el equipo de los más altos ejecutivos en el laboratorio del desarrollo de equipo, con o sin los subordinados claves del nivel inferior.

4ª fase y fases adicionales. Recopilación de datos y sesiones de solución de los equipos del nivel dos o tres.

Fases subsecuentes. Recopilación de datos, retroalimentación y sesiones de solución de problemas interfases entre grupos.
Fases simultáneas. Varios agentes pueden asistir a los T-groups; cursos sobre el programa de desarrollo gerencial pueden suplir a este aprendizaje.

Figura 4.16. Fases del D. O. en una organización hipotética.

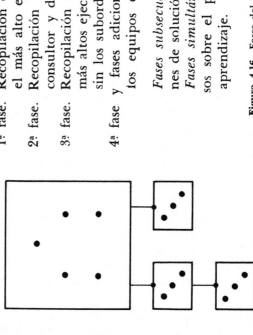

hasta el grado de que el grupo exprese un arreglo para dicha intervención. También alientan a las personas a tomar riesgos (un paso a la vez) y a experimentar con un nuevo comportamiento en el contexto del nivel de apoyo en el grupo. Así, el consultor-entrenador sirve como un estimulante a una nueva conducta, pero también como protector; el clima que trata de hacer es, por ejemplo, "no destruyamos aquello que no podamos construir otra vez". Además, el consultor-entrenador trabaja con el grupo a fin de ayudar a sus miembros a mejorar habilidades para diagnosticar y facilitar el progreso del grupo.

De cualquier modo, se debe notar que los diferentes grupos tendrán necesidades distintas a lo largo del proceso de realización de la tarea; por ejemplo, algunos grupos tienen necesidades de un intenso trabajo en la aclaración de los objetivos; otros pueden tener una necesidad mayor en el área de las relaciones personales. Además, el consultor o el jefe consultor en un equipo de consultores implicado en un programa de D. O. desempeñará un papel más amplio que sirviendo como en T-group o como entrenador de desarrollo de equipo. Desempeñará un papel más importante en la recopilación periódica de datos y diagnóstico con el fin de reunir un alto grado de planeación de esfuerzos para el cambio.

Entrenamiento de laboratorio y D. O.

Puesto que los programas de D. O. surgieron de la experiencia y teorías en investigaciones de los T-groups, y puesto que el entrenamiento de laboratorio tiende, de una forma u otra, a ser en mucho una parte integral de estos programas, es importante enfocarnos al entrenamiento de laboratorio. Como se estableció con anterioridad, los programas de D. O. surgieron de una necesidad percibida de relacionar el entrenamiento de laboratorio con los problemas de las organizaciones en marcha; un reconocimiento que optimice resultados puede ocurrir sólo si la mayor parte del sistema social de una organización estuviera involucrado.

El entrenamiento de laboratorio surgió en 1946, a través de un creciente reconocimiento por Leland Bradford, Ronald Lippitt, Kenneth Benne y otros. Las relaciones de entrenamiento humano que se enfocaron en los sentimientos e intereses de los participantes fueron frecuentemente más poderosas y viables por la educación que por la lectura del método. Algunas de las construcciones técnicas e ideas de las cuales estos pioneros del entrenamiento de laboratorio emergieron, provinieron de las bases de las primeras investigaciones hechas por Lipott, Kurt Lewin y Ralph White. El término *T-group* se creó en 1949 como una abreviación de "Basic

Skill Training Group": estos términos se emplearon para identificar los programas que empezaron a surgir en el recién formado National Training Laboratory en el desarrollo de grupos (ahora NTL Institute for Applied Behavioral Sciences); el "sensitivity training" también es frecuentemente aplicado a dicho entrenamiento.

Generalmente, las sesiones de entrenamiento de laboratorio tienen algunos objetivos en común. La siguiente lista, elaborada por los dos científicos del comportamiento más conocidos internacionalmente, es quizá la que tiene más consistencia con los objetivos y con la mayoría de los programas.

Objetivos propios

- Incremento de la conciencia de los sentimientos y reacciones y del impacto propio sobre los demás.
- Incremento de la conciencia de los sentimientos, reacciones con otros y su impacto en sí mismos.
- Incremento de la conciencia de la acción de la dinámica de grupo.
- Cambio de actitudes hacia sí mismo y hacia otros grupos, por ejemplo: más respeto, tolerancia, y fe en sí mismo y en otros grupos.
- Incremento de la competencia interpersonal, por ejemplo: habilidad en la manipulación de las relaciones interpersonales e intergrupales hacia una relación más productiva y satisfactoria.

Objetivos del papel

- Incremento de la conciencia del papel de la propia organización, de las dinámicas organizacionales, de la dinámica de un sistema social más grande y de la dinámica del cambio de proceso en sí mismo, en pequeños grupos y en las organizaciones.
- Cambio de actitudes hacia el propio papel, el papel de otros y las relaciones organizacionales, por ejemplo: más respeto y buena voluntad para tratar con otros, con quienes se tiene interdependencia, y gran voluntad para llevar a cabo relaciones de colaboración con otros, basada en la confianza mutua.
- Incremento de la competencia personal en manejar el papel de las relaciones organizacionales con los superiores, con iguales y con subordinados.

Objetivos organizacionales

- Incrementar la *conciencia* hacia un *cambio de actitudes*.

- Incrementar la *competencia interpersonal* sobre los problemas organizacionales específicos existentes en grupos o departamentos interdependientes.
- *Mejoramiento organizacional* a través del entrenamiento de las relaciones o grupos, en vez de individuos aislados.

A través de los años, la experimentación con diferentes proyectos de laboratorio ha conducido a diversos criterios para la selección de los participantes del laboratorio.

Probablemente, la mayoría de los laboratorios de las relaciones humanas de NTL-IAS son "grupos de extraños", es decir, grupos que involucran participantes que provienen de diferentes organizaciones. De cualquier modo, como lo señalan los objetivos organizacionales antes mencionados, la incidencia de los laboratorios especiales diseñados para incrementar la efectividad de las personas que están trabajando juntas parece haber crecido, especialmente los "laboratorios de primos" (por ejemplo, laboratorios que incluyen personas de la misma organización, pero no del mismo departamento) y "laboratorios familiares" o sesiones de "desarrollo de equipo" (por ejemplo, se incluyen gerentes y todos sus subordinados).

Los participantes en los laboratorios designados para miembros organizacionales que no son del mismo departamento, pueden seleccionarse del mismo nivel ("corte horizontal") o seleccionarse para constituir un grupo heterogéneo por nivel ("corte diagonal"). El INTL-ABS ha alentado por lo menos a dos miembros de la misma organización para asistir al NTL Management Work Conference and Key Executive Conference, con el fin de maximizar el impacto del aprendizaje en su trabajo.

En general, los entrenadores experimentados recomiendan que personas con una enfermedad emocional severa no deberían participar en ningún entrenamiento de laboratorio, con excepción de los programas específicamente diseñados para grupos de terapia. Los diseñadores de programas hacen planteamientos, como Argyris, de que los participantes de T-groups deberían tener:

- Un ego relativamente fuerte que no se hunda por conflictos internos.
- Defensas suficientemente bajas para permitir al individuo oír lo que otros dicen de él.
- Habilidad para comunicar sus pensamientos y sentimientos con una distorsión mínima.

Como resultado de dicho panorama, la incidencia de fracasos durante el entrenamiento en laboratorios es sustancialmente menor que aquella reportada por las organizaciones en general. Puesto que la línea divisoria entre normalidad y enfermedad es muy confusa, la mayoría de los miembros del staff entrenados profesionalmente son preparados para diagnosticar problemas severos y hacer referencia a psiquiatras o psicólogos clínicos cuando sea apropiado. Aún más, la mayoría están preparados para dar apoyo y protección adecuados a aquellos participantes cuya habilidad para asimilar y aprender de la retroalimentación es baja. Además, los miembros de grupos en situación T-group tienden a ser sensibles a las necesidades normales de los miembros y a darles apoyo cuando sienten el malestar que experimenta cada persona. Dicho apoyo es explícitamente fomentado en el entrenamiento de laboratorio.

La duración de los programas de entrenamiento varía mucho. Los "microlabs", diseñados para dar a una persona una breve experiencia con un entrenamiento sencillo, pueden tardar una hora. Algunos laboratorios son diseñados para un largo fin de semana; sin embargo, típicamente, los laboratorios de las relaciones humanas básicas tienen una duración de dos semanas, con participantes que esperan encontrarse en la mañana, tarde y noche, en tanto que el NTL Management Work Conferences para gerentes medios y el Key Executive Conferences tardan una semana en los laboratorios de desarrollo de equipo. No obstante, los últimos laboratorios son sólo una parte de todo el programa de D. O. e incluyen problemas sentimentales, diagnóstico y la planeación de los pasos de acción y sesiones siguientes. Aumentar la atención a los "laboratorios de extraños" para los gerentes claves suele ser parte del esfuerzo total de D. O.

Las sesiones del sensitivity training generalmente empiezan con algunos comentarios hechos por el entrenador acerca de su papel (que él está ahí para ayudar, que el grupo deberá tener control de la agenda, que él deliberadamente tomará el papel de líder ya que puede llegar a ser involucrado como tal y como miembro de cuando en cuando). Lo siguiente es un ejemplo de lo que el entrenador debe decir:

Este grupo se reunirá durante muchas horas y servirá como especie de laboratorio, donde cada individuo puede incrementar su entendimiento de los grupos y de la actuación de grupos y organizaciones. El dato para el aprendizaje será nuestro propio comportamiento, sentimientos y reacciones. Empezaremos con una estructura u organización indefinida, que no está de acuerdo con el comportamiento y agendas específicas. Dependerá de nosotros llenar el vacío creado por la falta de esos elementos familiares, para estudiar nuestro grupo a medida que avancemos. Mi papel será ayudar al grupo para que aprenda de su propia experiencia, pero no actuar como un presidente tradicional, ni sugerir cómo organizarnos, ni cuál deberá ser nuestra conducta o qué exactamente debería incluirse en nuestra agenda. Con estos pocos comentarios, creo que estamos listos para empezar de cualquier manera que creamos sea la más provechosa.

El entrenador entonces guarda silencio; luego, el grupo inconforme se precipita a dialogar, el cual, con ayuda de un entrenador habilidoso, logra una intensa experiencia. Lo que sucede en el grupo se convierte en un dato para la experiencia del aprendizaje.

Las intervenciones del entrenador varían considerablemente, dependiendo del propósito del laboratorio y de la situación del aprendizaje por parte de los participantes; sin embargo, una intervención común es alentar a las personas a enfocar sus propios sentimientos sobre juicios relativos a los demás. De este modo, los participantes empezarán a tener ideas acerca de sus propios sentimientos o a entender cómo su comportamiento afecta los sentimientos de otros.

Mientras que el trabajo de T-group tiende a ser el punto clave en el laboratorio de relaciones humanas, el entrenamiento de laboratorio incluye típicamente sesiones de teoría y a menudo ejercicios, como el *role playing* (desempeño de papeles) o juegos gerenciales; además, los laboratorios familiares de los departamentos de las organizaciones generalmente dedicarán más tiempo a planear los pasos para actuar en el trabajo.

Robert J. House ha revisado cuidadosamente la investigación literaria sobre el impacto del entrenamiento de los T-groups y ha concluido que la investigación muestra resultados mixtos. En particular, la investigación sobre los cambios, como se refleja en los inventarios de la personalidad, es vista como inconclusa; sin embargo, los estudios que examinan la conducta de los participantes cuando regresan al trabajo son generalmente más positivos. House cita seis estudios que utilizan el control de los grupos, y concluye:

Los seis estudios revelan que parecen ser de positiva importancia los efectos del entrenamiento del T-group. Dos de los estudios reportan efectos negativos... toda la evidencia está basada en la observación de la conducta de los participantes en la situación actual de su trabajo. Ninguna seguridad se sitúa en la responsabilidad de los participantes; más bien, la evidencia es tomada de aquellos que tienen relaciones frecuentes con los que están trabajando y ya han participado.

Por otra parte, John P. Campbell y Marious D. Dunnette, si bien aceptan que la investigación muestra que el entrenamiento de los T-groups produce *cambios en la conducta*, señalan que la utilidad de dicho entrenamiento en términos de *ejecución de trabajo* hasta ahora tiene que ser demostrada. Campbell y Dunnette se apresuran a investigar de qué modo se puede reforzar la atadura de efectividad entre el entrenamiento inducido al cambio de comportamiento y cambios en la ejecución del trabajo, y dicen:

... La idea de que el adiestramiento del *T-group* tiene utilidad para las organizaciones, necesariamente restará flexibilidad a la base. Esto no ha sido confirmado, ni rechazado. Los autores desean enfatizar... que la utilidad de la organización no es necesariamente la misma que la individual.

Por lo menos, las mayores razones pueden considerarse una investigación inconclusa en el impacto que tiene sobre la ejecución del entrenamiento. Una razón es simplemente que se ha hecho poca investigación; otra se puede centrar en un factor cultural. Para mayor simplificación, gran parte de lo que uno aprende en el entrenamiento de laboratorio es cómo trabajar más efectivamente con otros en forma de grupos, sobre todo con otros que han desarrollado habilidades comparables. Desafortunadamente, la mayoría de los participantes, incluyendo a colegas y supervisores, regresan de las experiencias de T-groups a ambientes en los que no tienen la misma experiencia afectiva (emocional y de sentimientos), en los que no están familiarizados con la terminología y fundamentos teóricos, y en los que no pueden tener inquietud sobre lo que les podrá pasar en una situación de T-group.

Esta distancia cultural que los laboratorios de entrenamiento pueden producir es una de las razones por la que muchos científicos del comportamiento están animando, hoy día, a más de una persona de la misma organización para tomar el entrenamiento del T-group, e idealmente a todos los miembros del equipo y a su superior para participar juntos en alguna clase de entrenamiento de laboratorio. El último supone que un diagnóstico de la organización indica que el grupo está listo para dicho entrenamiento y que éste es razonablemente compatible con la cultura del sistema total.

Módulo V

Un modelo del D.O.

Un ejemplo de orientación particular que se usa en la implantación del D.O., y las subsecuentes relaciones que dicha orientación sugiere.

Introducción

Todos los revisionistas coinciden en que es necesario cambiar las estructuras de nuestras actuales organizaciones de trabajo; para ello, proponen nuevos modelos de administración, diferentes enfoques de los problemas psicológicos en la empresa, etc. Todos coinciden en que es necesario que existan estructuras más flexibles, liderazgo participativo, ampliación de la comunicación, posibilidades de involucrar a los trabajadores en decisiones de la alta gerencia, etcétera, para lo cual proponen diferentes categorías de cambio, dependiendo de las necesidades propias de la organización de trabajo.

Una vez planteada la necesidad del cambio social planeado en la organización de trabajo, con fines de mejoramiento de la misma, haremos una revisión de los fundamentos teóricos del estudio psicológico de la organización, con el objeto de establecer de qué forma se puede proponer un modelo de cambio específico.

Consideramos que el elemento básico para el estudio de la organización, desde el punto de vista del hombre, es la interacción humana, la cual se da primeramente en la relación entre dos personas, luego en la relación en el grupo y, en forma más compleja, en la interacción de grupos. Esta interacción se lleva a cabo por medio de los procesos sociales, que son: comunicación, dirección, toma de decisiones, ambiente y crítica, los cuales se formalizan en cuanto son parte del proceso dinámico de la organización de trabajo.

Teniendo en cuenta estas consideraciones, podemos decir que el estudio de la organización puede llevarse a cabo abarcando tres áreas básicas, en cuyo análisis se incluye la dinámica de la organización en forma integral, esto es, con la aproximación estructural (organización administrativa), desde el punto de vista técnico (tarea y tecnología) y psicosocial (procesos sociales de la organización). El estudio de la organización, sin perder de vista estos enfoques, permite al desarrollo organizacional detectar las necesidades de cambio propias y específicas de cada organización, poniendo principal énfasis en los procesos sociales de la organización, debido a que su objeto principal es crear un ambiente propicio para que se puedan introducir cambios en la organización, no importa a qué nivel sean.

El establecimiento de necesidades de cambio es llamado por los teóricos del desarrollo organizacional *autodiagnóstico,* siendo ésta la primera fase de cualquier modelo de cambio planificado. En base a este diagnóstico, se programa un mejoramiento en los tres niveles (estructura, tarea y/o procesos sociales). El modelo teórico de referencia presenta tres formas de promover el cambio; asimismo también revisamos las tres posibilidades para el mejoramiento de la organización: el cambio natural, el cambio revolucionario y el cambio paulatino (planificado).

Cada autor revisionista propone un modelo de cambio, pero en realidad todos los modelos tienen la misma estructura, técnicas e iguales objetivos. De tal suerte, nosotros presentamos un modelo que está basado en varios de los propuestos por los teóricos del desarrollo organizacional.

Nuestro modelo consta de cuatro fases: la primera es la *introducción al cambio;* la segunda, de *diagnóstico;* la tercera es la *planeación y ejecución del cambio,* y la cuarta es la *fase de estabilización.*

Proceso

Fases
del cambio planeado

Nuestro modelo de cambio planeado consta de cuatro fases, en las cuales están definidas las funciones y objetivos de cada una, así como el papel del agente de cambio y sus respectivas estrategias a seguir.

Primera fase: Introducción

Sus funciones y objetivos son los siguientes:

a) *Establecer relaciones:* aquí nos referimos a las primeras reuniones de las personas involucradas en el plan de cambio entre sí y con el agente de cambio.

b) *Reconocer las propias motivaciones y necesidades:* tanto los funcionarios como el agente de cambio necesitan determinar cuáles son las causas y los factores que los llevaron a decidir implantar el cambio en la organización.

c) *Definir papeles y expectativas:* desde el primer momento en que los involucrados en el cambio se reúnen con este fin, el papel de cada uno se define para saber qué se puede esperar de cada quien y en qué forma van a intervenir.

d) *Definir el sistema o sistemas del cliente:* aquí se trata de describir cada componente de la estructura orgánica de la empresa como una totalidad, a la que hay que enfocar con espíritu de investigación y estudio, viendo a la organización total como una estructura dinámica y en evolución y como un sistema sociotecnológico.

e) *Definir la rélación del cliente con su problemática, sus objetivos y sus motivaciones:* de la forma como los dirigentes de la organización se enfrentan a su problemática, se puede partir para enfocar y presentar las posibles soluciones y cambios de actitudes hacia los problemas.

f) *Determinar las áreas de donde se obtendrá la información:*

175

según los problemas que señale el cliente, que existen en la organización, será la información que se necesite pedir (registros, presupuestos, planes, etc.).

Papel del agente de cambio. En esta primera fase, el papel del agente de cambio es sólo de consultor y de investigador. Lo único que hace es asesorar a las personas involucradas en cómo enfocar su problemática, cómo diagnosticar los aspectos en que es necesario cambiar, etc.,... y observar, tomando nota de todos aquellos aspectos que le permitan enfocar lo más objetivamente posible la planeación del cambio.

Estrategias

a) *Entrevistas:* el agente de cambio organiza entrevistas individuales y de grupo, a fin de obtener toda la información necesaria para iniciar la fase de diagnóstico. La entrevista individual sirve para obtener datos importantes sobre la percepción de los problemas de cada entrevistado, en tanto que la entrevista de grupo permite observar los procesos sociales de cada grupo entrevistado, así como las diferencias en el criterio individual con el de grupo.

b) *Relaciones de consulta:* básicamente, el agente de cambio es consultor, o sea, el grupo o grupos que forman la organización son los que van a diagnosticar y determinar cuáles son las áreas o aspectos que requieren un cambio; el consultor sólo asesora y aconseja en qué forma y con qué bases pueden enfocar su problemática.

c) *Discusión de grupo:* como él, el cliente es quien señala la situación actual de la empresa y la situación *ideal* futura. Dicho diagnóstico es dialogado y acordado por el principal grupo de funcionarios de la empresa cliente.

d) *Sesiones de confrontación:* en periodos de conflicto que siguen a los mayores cambios de organización, tiende a haber mucha confusión y energía expandida que afecta negativamente la productividad y el buen funcionamiento de la organización.

El equipo formado por la alta gerencia necesita métodos rápidos y efectivos para sensibilizar las actitudes del estado de la organización, así como los sentimientos para poder planear acciones apropiadas y para utilizar su energía en los problemas más importantes.

Los métodos más comunes acerca de las actitudes del facilitador, sesiones del staff y todo lo demás, requieren mucho tiempo y suspensión entre tener la información y llevarla a cabo.

Un micromecanismo llamado *confrontación* proveerá a todo el grupo gerencial con:

- Una acertada lectura del buen funcionamiento de la empresa.
- La oportunidad de trabajos de unidad para asentar prioridades a superación.
- La oportunidad para la alta gerencia de llevar a cabo decisiones apropiadas, basadas en una adecuada información de la organización.
- Una participación mayor en las metas de la organización.
- Un compromiso a la acción de parte de los subgrupos.
- Una base para determinar otros mecanismos de comunicación entre niveles y grupos, localización apropiada de decisiones, solución de problemas entre las subunidades, así como la maquinaria para una influencia mayor.

Aquí encontraremos una descripción detallada de los siete componentes que forman el "diseño" específico para la confrontación a lo largo de todo el día.

Etapa 1. Establecimiento del clima (de 45 minutos a una hora)

Al principio, el gerente deberá comunicar a todo el grupo gerencial las metas de la confrontación, y el interés que persigue en que se discuta libremente. Deberá también asegurarles que no existirá castigo alguno por emitir soluciones adversas.

Será de ayuda que el gerente o el asesor den también una información general o una conferencia. Algunos temas de interés podrían ser el de comunicación, el concepto de responsabilidad compartida, la necesidad de comprensión, asumir las metas de la organización, y la oportunidad y necesidad de influir en la organización.

Etapa 2. Recopilación de información (una hora)

Se dividirá al grupo en pequeñas unidades heterogéneas de siete a ocho personas. En caso de existir un grupo de alto nivel, éste será separado como unidad aparte. El resto de los participantes se dividirá en unidades con una "participación diagonal" de la organización; esto es, ningún subordinado y jefe estarán juntos, y cada unidad contendrá miembros de todas las áreas funcionales.

A cada unidad se le dará la siguiente consigna: "Piense en usted mismo como en un individuo con necesidades y metas. También considérese persona que está involucrada en la organización total. Piense en cuáles son los motivos u obstáculos que lo demotivan, qué procedimientos deficientes o fallas o políticas hay y qué metas oscuras existen actualmente. Piense en qué diferentes condiciones, si existen, pudieran hacer que la organización fuese más efectiva y se llevara en ella una organización mejor."

A cada unidad se le dice que seleccione una persona "reportero", quien presentará los resultados obtenidos que consiguió en la sesión general que tendrá lugar una hora después.

Etapa 3.   Participación de la información (una hora)

Cada reportero escribirá toda la información y conclusiones a las que llegó su unidad, en hojas de rotafolio que después serán pegadas en la pared.

El líder sugiere algunas categorías para clasificar, dentro de las cuales todas las hojas puedan ser incluidas; en otras palabras, si existen 75 tópicos, la semejanza será en clasificar estos tópicos y agruparlos en siete o seis categorías mayores —digamos, por el tipo de problema, tal como "dificultades en la comunicación"; por el tipo de relación, tal como "problemas con la alta gerencia", o por el tipo de área involucrada, tal como "problemas en el departamento de maquinaria".

Después se suspenderá la sesión, ya sea para comida; o si es en la tarde, se suspenderá hasta el siguiente día.

Durante el tiempo de la comida, las hojas que contienen las conclusiones e información se repartirán a todos los miembros integrantes.

Etapa 4.   Establecimiento de prioridades y planeación de la acción que se va a tomar (una hora 15 minutos)

Se reúne todo el grupo durante 15 minutos en una sesión general. Todos, con el líder como conductor, revisan los datos que se obtuvieron y se les da prioridad. Se asigna a cada grupo según su departamento original y se reúnen en una sesión de una hora. Cada miembro pasará al grupo en el que se encuentre su rama (ventas en ventas, manufactura en manufactura, etc.). Estas unidades tendrán como sublíder al jefe del departamento o de división, lo cual implica que no importa que un grupo tenga 3 o 25. Cada unidad tendrá que llevar a cabo las siguientes tareas:

- Discutir los problemas que afecten a su área. Decidir las prioridades y las primeras acciones efectivas a las cuales el grupo está preparado para comprometerse.
- Identificar los problemas a los cuales la alta gerencia deberá poner atención.

• Decidir cómo comunicar los resultados de la sesión a sus subordinados.

Etapa 5. Planeación de la acción de la organización (de una a dos horas)

El grupo de alta gerencia se reúne en una sesión general, en la que:

• Cada unidad funcional (aquel departamento que en la vida diaria está igual que en el grupo) reporta sus compromisos y planes al total del grupo.
• Cada unidad reporta y enlista los puntos que sus miembros creen que el grupo de alta gerencia debe tener en cuenta y tratar primero.
• El líder reacciona a esta lista y se compromete (estableciendo metas o asignando tareas, tiempos, etc.) a la acción donde se necesita.
• Cada unidad comparte brevemente sus planes para comunicar sus resultados en la sesión de confrontación a sus subordinados.

Etapa 6. Seguimiento inmediato por el equipo más alto en la gerencia (de 2 a 3 horas)

Este equipo se reúne después de la sesión de confrontación para planear las primeras acciones de seguimiento, las cuales deben ser enviadas a todo el grupo gerencial dentro de pocos días.

Etapa 7. Revisión del progreso (2 horas)

Se lleva a cabo el seguimiento con todo el grupo gerencial cuatro o seis semanas después.

Tabla 5.1. Modelo de horario para llevar a cabo estas etapas durante un día

9:00 A. M.	*Acotaciones de apertura por el gerente general* Antecedentes, metas, consecuencias. Normas de apertura y "nivelado". Compromisos personales a seguir.
9:10	*Sesión general* Comunicación de problemas en organizaciones por el gerente general (o por el asistente consultor). El proceso de comunicación. Ruptura de comunicación en organizaciones e individuos.

Tabla 5.1. (continuación)

	Conflictos a resolver. Condiciones para mayor apertura.
10:00	*Café*
10:15	*Producción de información en sesiones llevadas por unidades* Compartir sentimientos y actitudes. Identificar problemas y su importancia. Recopilar información.
11:15	*Sesión general* Compartir hallazgos de cada unidad (en el rotafolio). Desarrollar categorías en tópicos de problemas.
12:15	*Comida*
2:00 P. M.	*Sesión general* Revisión de la lista de tópicos en categorías. Instrucción de unidades funcionales.
2:15	*Sesión de unidades funcionales* Enlistar acciones para llevarlas a cabo. Preparar recomendaciones para el grupo superior. Planear la presentación de resultados en sesiones generales.
3:15	*Sesión general* Compartir recomendaciones de unidades funcionales. Enlistar prioridades para la acción del grupo superior. Planear cómo comunicar los resultados de la sesión a los demás.
4:15	*Acotaciones de clausura por el gerente general*
4:30	*Suspensión*

Segunda fase: Reunión de la información y diagnóstico

En esta fase, realizada por el agente de cambio, se trata de informar, dar conclusiones y retroalimentación en base a los datos obtenidos en la primera fase. Sus funciones y objetivos son los siguientes:

a) *Definir las áreas en donde existe el problema:* según los datos obtenidos en la primera fase, el agente de cambio dialoga con las personas involucradas en el plan del cambio y les señala cuáles son las áreas en las que existe mayor problemática o simplemente cuáles son los factores más urgentes de mejorar, propugnando por el intercambio de información agente-cliente.

b) *Definir el problema del cambio:* no basta con señalar las áreas problemáticas; también es importante indicar cuáles son las dificultades con que se puede tropezar para lograr un cambio satisfactorio, que cumpla con las necesidades de la sección en cuestión y que afecte positivamente la organización. Es conveniente puntualizar qué aspectos pueden favorecer dicho cambio y hacer una estimación del potencial de esas fuerzas.

c) *Determinar los objetivos del cambio:* el cambio debe tener una razón de ser, ya que el objetivo no es cambiar por el hecho de cambiar, sino que tiene que estar bien definido, delimitado y aceptado.

d) *Determinar la disponibilidad del sistema y su potencial para el cambio:* es necesario situarse en la realidad y conocer las limitaciones de la organización para ver qué factores favorecen el cambio y con qué elementos se cuenta para el mismo, de acuerdo a sus recursos y a las circunstancias.

Papel del agente de cambio. En esta segunda fase, el papel del agente de cambio sigue siendo el de consultor e investigador.

Estrategias

a) *Entrevistas y retroalimentación:* aquí las entrevistas, ya sea individuales o de grupo, tienen por objeto complementar datos y retrocomunicar información a los involucrados, a fin de que éstos conozcan y asimilen datos que se han obtenido en este lapso y pongan en práctica nuevas formas de comportamiento y nuevos enfoques en la organización.

b) *Investigación y retroalimentación:* el consultor no se queda con los datos que le dan las personas, sino que observa, mide diferentes y nuevas informaciones para encontrar otras causas y otros problemas que estén relacionados con el primer diagnóstico, con el fin de dar retroalimentación a los involucrados para que éstos también vean con otro criterio los mismos problemas establecidos u otros no vislumbrados.

c) *Observaciones y retroalimentación:* de las observaciones sobre la actuación de las personas a quien entrevista, de su conducta en grupo, de su desenvolvimiento en el trabajo y de otros datos adicionales, el consultor obtendrá nuevos datos constantemente, con el fin de dar retroalimentación a cada sección y a cada persona involucrada en el cambio de la organización.

d) *Diseño de confrontación:* en base a los resultados obtenidos de las diferentes investigaciones, el consultor diseñará la estructura y el funcionamiento de actividades en grupo o entre grupos para confrontar problemas específicos.

e) *Discusiones en grupo:* el consultor o los grupos organizarán espontáneamente sesiones para discutir problemas específicos en los cuales se puedan encontrar soluciones a los problemas planteados, así como también se podrá enfocar un diagnóstico de los procesos sociales observados en esas sesiones.

f) *Reuniones de asesores:* el agente de cambio puede ser uno o varios asesores, y el intercambio de datos y observaciones de ellos podrá complementar el enfoque del diagnóstico de la organización con la diversidad de criterios que se planteen. Estos asesores generalmente son externos e internos.

Tercera fase: Planeación y ejecución

Sus funciones y objetivos son los siguientes:

a) *Distribuir el tiempo:* es necesario adaptar los horarios con que se va a trabajar, de tal forma que no afecte el desarrollo normal de las actividades de la organización; convendrá establecer fechas y programación de actividades.

b) *Disponibilidad:* tanto las personas involucradas en la organización como los consultores establecen los pasos a seguir según las posibilidades existentes, tanto en tiempo como en lugar, material, etc.

c) *Establecer prioridades:* no todos los cambios necesarios tienen la misma urgencia de ser implantados; es necesario ver primero cuáles exigen ser atendidos de inmediato y cuáles pueden esperar provisionalmente.

d) *Determinar los tipos de intervención que se necesiten:* cada caso y cada organización tienen diferentes necesidades; por tanto, la forma de abordar el problema será distinta.

e) *Identificar los puntos de apoyo para la acción:* a fin de realizar el cambio en forma más fluida, es conveniente identificarse e iniciar los programas; primero, en los que se encuentra mayor aceptación o menos resistencia al cambio.

Papel del agente de cambio. En esta fase aumentan las formas de intervención del agente de cambio, ya que se vuelve más directa y más cercana a su asesoría. Aquí el agente actúa como consultor, maestro, entrenador y asesor.

Estrategias

a) *Establecimiento de un modelo:* el modelo no es otra cosa que un marco de referencia del cual se va a partir para implantar el proceso de cambio. Representa los criterios y pasos fundamentales en la planeación y ejecución del cambio.

b) *Intervenciones:* el agente de cambio asesora a las personas o a los grupos de personas directamente, con el fin de que encaucen en la mejor forma posible sus criterios.

c) *Cambio individual:* éste se puede llevar a cabo con:

- *Un programa definido de cambio de comportamiento,* en base a la enseñanza de la Gráfica Gerencial de Blake y aplicando los diferentes ejercicios. También se evalúan actitudes y se proponen programas de capacitación o se recurre al entrenamiento de sensibilización.
- *Entrenamiento de sensibilización.* Consiste en someter a las personas que constituyen la organización a un laboratorio de grupos con el fin de entrenarlos en el manejo de procesos sociales y de un mayor conocimiento de su conducta en grupo, así como de una mayor comprensión de la conducta de los demás, poniendo énfasis en la interacción humana.
- *Coaching.* Es la asesoría directa del consultor en el desarrollo del trabajo en la rutina diaria respecto a los problemas reales según se presentan.
- *Establecimiento de objetivos.* Tanto las personas individualmente consideradas, como los grupos que constituyen la organización se plantean metas específicas a corto o a largo plazo dentro de su trabajo.
- *Orientación y consejo.* El agente de cambio también aconseja y ayuda a quienes acuden directamente a él o cuando él lo considera necesario.
- *Entrenamiento.* La enseñanza de algunos aspectos desconocidos o no dominados por los miembros de la organización se realizan con el fin de que éstos alcancen la máxima eficiencia en su trabajo y se adapten mejor a los nuevos programas de actividades *(desarrollo personal).*

d) *Entrenamiento en grupo y cambio entre grupos:* la dinámica de grupos, dirigida a la identificación con el cambio de la organización, se aplica tanto al desarrollo de los grupos como a las relaciones de un grupo con otros, ya que los procesos sociales dentro del grupo son diferentes cuando éste tiene contacto con otro grupo. Consúltese en "Métodos", "La junta para el desarrollo de equipos entre grupos".

- *Planeación de vida.* Cada grupo de la organización hace un plan de metas a corto y a largo plazo con respecto a cada miembro, al grupo al que pertenecen y a la organización, comprometiéndose en su cumplimiento eficaz.
- *Desarrollo organizacional del grid.* El cambio planeado, tal como lo estableció Blake, puede ser implantado en la organización, ya sea las seis fases que propone o sólo algunas de ellas.
- *Laboratorio de interrelación de grupos.* Sería la dinámica de grupos aplicada al trabajo entre dos o más grupos, con el fin de estudiar sus procesos sociales e implantar los cambios necesarios.
- *Desarrollo de grupos.* Son ejercicios sistematizados en los cuales se plantean problemas estructurados o semiestructurados, a efecto de que se realice una investigación y un análisis de los diferentes procesos sociales del grupo, o bien, para el estudio de algún fenómeno en especial. Se trata de que los grupos ensayen nuevas formas de comportamiento encaminadas a la evolución y mejoramiento de su actuación.
- *Simplificación del trabajo.* No es otra cosa que facilitar las tareas, hacer que la labor sea más sencilla. Sin que se pierda el significado del proceso, se trata de que el trabajo pase de ser complejo a más sencillo, partiendo del análisis sistemático y racional del flujo-trabajo en sus diversas fases.
- *Laboratorio de solución de problemas.* Se trata de entrenar a las personas para plantear problemas, analizar diferentes alternativas, organizarse, autodirigirse y razonar las posibles soluciones para tomar la decisión más adecuada.
- *Establecimiento de los objetivos del grupo.* Aquí el análisis del comportamiento del grupo se enfoca desde el punto de vista de la fijación de metas; que éstas se hallen de acuerdo a las necesidades y posibilidades del grupo.
- *Entrenamiento.* La enseñanza y el desarrollo de habilidades es una actividad que debe realizarse constantemente, buscando el aprendizaje óptimo de tareas específicas en la organización, relacionadas con el propio trabajo.

e) *Cambio estructural:* hasta ahora, habíamos enfocado nuestro interés en el diagnóstico y el cambio de los procesos sociales de la organización; este inciso se refiere al factor cuasiestático de la organización: cambios en los niveles de jerarquía en los centros de poder, en las líneas formales de comunicación, etc.

- *Cambios en el flujo de trabajo.* El cambio en la organización también tiene que enfocarse en función de la tarea, es

decir, en la cantidad y tipo de trabajo que realizan los individuos en la misma organización y en la coordinación de sus
labores. Quizá el cambio en la cantidad y organización del
trabajo sea un inicio para cambiar actitudes y la disposición de los individuos hacia la realización de sus tareas.

• *Apreciación y evaluación.* Una forma de medir y controlar la eficiencia en el trabajo en forma objetiva es dar retroalimentación a los miembros de la organización en cuanto
a su desenvolvimiento adecuado o inadecuado en su labor.

• *Cambios en el sistema de premios y recompensas.* Este
programa se encamina a desarrollar la máxima potencialidad de los trabajadores, tratando de evitar un sistema com-
petitivo y fomentar la colaboración (salarios, incentivos,
premios, prestaciones, etc.).

• *Mejoramiento del trabajo.* La idea de mejorar el trabajo
es aumentar la calidad y la responsabilidad de la tarea de
cada quien, y no se refiere al aumento en cantidad, a menos
que corresponda al concepto de mejoramiento (incluye el
llamado enriquecimiento del puesto).

• *Establecer un modelo matriz.* Se trata de fundamentar el
proceso de trabajo en un modelo base, el cual es de orden
matemático.

• *Establecer otros modelos organizacionales.* Este cambio tiene por objeto facilitar el cumplimiento de las labores, así
como simplificar los procesos de comunicación y delega-
ción de autoridad. *Los modelos organizacionales se adaptan
al proceso de la organización, y no el proceso al modelo.* El
caso es plantear la posibilidad de establecer nuevos y mejores modelos.

• *Sistemas temporales.* Es el cambio del procedimiento del
trabajo, para evitar la monotonía de la rutina; dichos sistemas y procedimientos se implantan por lapsos determinados, estableciendo su duración en forma específica, de acuerdo con las metas y las circunstancias.

Cuarta fase: Estabilización del cambio

Sus funciones y objetivos son los siguientes:

a) *Autocompetencia:* los individuos desarrollan sus habilidades
y sus aptitudes al máximo grado posible, lo cual va encaminado a que la organización se vuelva más competente, es
decir, más eficaz y autosuficiente, utilizando sus propios recursos.

b) *Cambio de las relaciones de consulta o término de las mismas:* el consultor trata de que la organización necesite cada vez menos dependencia de él, es decir, que la organización pueda retroalimentarse con sus propios recursos. El sistema del desarrollo organizacional crea un ambiente tal en la organización, que ésta es cada vez más independiente, hasta que ya no necesita la asesoría del consultor, y si llega a solicitarla, sólo es en forma de coordinación de actividades, ya no como maestro o instructor, como fue en un principio.

Papel del agente de cambio. En esta fase, el agente de cambio interviene de nuevo sólo como consultor y entrenador. Su actividad es únicamente de catalizador; es la organización la que efectúa el mayor porcentaje de la labor de cambio.

Estrategias

a) *Desarrollar consultores internos:* durante el proceso de desarrollo organizacional, el agente de cambio propicia la formación de agentes de cambio propios de la organización, o sea, consultores internos que vigilen y supervisen el constante proceso de cambio.

b) *Desarrollar un entrenamiento continuo:* en la estabilización del cambio, quedan establecidos programas permanentes de entrenamiento y capacitación del personal de todas las áreas, para que persista la conciencia de necesidad de mejoramiento y evaluación de cambios en la organización, pero se pone énfasis en la formación de sus propios agentes de cambio.

c) *Celebrar reuniones de crítica:* estas reuniones tienen por objeto que todas las personas involucradas en el cambio de la organización evalúen los logros obtenidos y vuelvan a diagnosticar la situación de la organización después de determinado lapso, a partir de la implantación del cambio.

d) *Establecer mecanismos para una continua evaluación y cambio:* la evaluación mencionada en el inciso anterior se realiza periódicamente, con el fin de detectar, en el momento oportuno, las necesidades de mejoramiento en la organización con sistemas definidos que faciliten la retroalimentación.

Modelo gráfico de cambio planeado

Como ya hemos explicado, en la descripción de las diferentes fases del cambio planeado, éste es un círculo continuo y periódico, es decir, nunca termina. La organización siempre necesita ser diagnosticada, evaluada, mejorada y reevaluada; en otras palabras, el D. O. es ante todo un *proceso* aunado a un diseño apropiado de ingeniería, según lo que haya revelado el diagnóstico (el examen de la necesidad de cambio y del estado del sistema) y de acuerdo a una planeación de estrategia pertinente (un desarrollo de un plan para el mejoramiento organizacional con inclusión de la determinación de qué sistemas se van a aplicar, en qué orden, qué actividades deben iniciarse y qué recursos son necesarios).

Tabla 5.2. Esquema general de la planeación del cambio organizacional

Fases	Funciones y objetivos	Papel del agente de cambio	Estrategias
I. Introducción	Establecer relaciones. Reconocer las propias motivaciones y necesidades.	Consultor	Entrevistas en forma individual y de grupo.
	Definir papeles y expectativas. Definir el sistema o sistemas del cliente.	Investigador	Relaciones de consulta.
	Definir la relación del cliente con su problemática, sus objetivos y sus motivaciones.		
	Determinar las áreas de donde se obtendrá la información.		Discusión de grupo. Sesiones de confrontación.
II. Reunión de la información y diagnóstico	Definir las áreas en donde existe problema. Definir el problema del cambio. Determinar los objetivos del cambio.	Consultor Investigador	Entrevistas y retroalimentación. Investigación y retroalimentación. Observaciones y retroalimentación. Diseño de confrontación. Discusiones en grupo. Reuniones de asesores.
	Determinar la disponibilidad del sistema y su potencial para el cambio.		

Tabla 5.2. (continuación)

Fases	Funciones y objetivos	Papel del agente de cambio	Estrategias
III. Planeación y ejecución	Distribuir el tiempo. Disponibilidad. Establecer prioridades. Determinar los tipos de intervención que se necesiten. Identificar los puntos de apoyo para la acción.	Consultor Maestro Entrenador Asesor	Establecimiento de un modelo. Intervenciones. Cambio individual: Estilos gerenciales. Entrenamiento de sensibilización. Coaching Establecimiento de objetivos Orientación y consejo. Entrenamiento. Entrenamiento en grupo y cambio entre grupos: Planeación de vida. Desarrollo organizacional del grid. Laboratorio de interrelación de grupos. Desarrollo de grupos. Simplificación del trabajo. Laboratorio de solución de problemas.

Tabla 5.2. (continuación)

Fases	Funciones y objetivos	Papel del agente de cambio	Estrategias
			Establecimiento de los objetivos del grupo.
			Entrenamiento.
			Cambio estructural:
			Cambios en el flujo de trabajo.
			Apreciación y evaluación.
			Cambios en el sistema de premios y recompensas.
			Mejoramiento del trabajo.
			Establecer un modelo matriz.
			Establecer otros modelos organizacionales.
			Sistemas temporales.
IV. Estabilización del cambio	Autocompetencia. Cambio de las relaciones de consulta o término de las mismas.	Consultor Entrenador	Desarrollar consultores internos. Desarrollar un entrenamiento continuo. Celebrar reuniones de crítica. Establecer mecanismos para una continua evaluación y cambio.

Síntesis y apéndices

Síntesis

Hemos visto en esta guía una introducción al D. O. Se puede investigar cada tópico extensamente, mas esto queda al interés personal del lector en consultar las obras especializadas al respecto. Lo esencial es tener en mente que el D. O. no es cuestión de fomentar el cambio por el cambio, ni de educar sólo a los miembros de la organización en laboratorios de grupo, sino principalmente aplicar a la tarea, siguiendo la psicología de cada pueblo, valores, técnicas y procesos dentro de un marco cultural apropiado y formando un sistema, con el fin de lograr mayor efectividad y buen funcionamiento de la organización en cuestión. Para esto, mucho ayudará al que administre el D. O. tener en cuenta que para implantarlo se requiere que forme un equipo con los ejecutivos de las principales divisiones de su organización, especialmente la técnica y la administrativa.

Con estos presupuestos, terminemos esta síntesis adhiriéndonos a lo que Wendell French dice sumariamente (obra citada, pág. 32) :

Los esfuerzos del D. O. han surgido a través de intentos para aplicar los valores y planteamientos del entrenamiento de laboratorio a todos los sistemas. Dichos esfuerzos son orgánicos, en el sentido de que surgieron de y son guiados por los problemas experimentados por las personas de la organización. La clave de su viabilidad (en contraste para llegar a crear una novedad) radica en un auténtico enfoque del problema e intereses de los miembros de la organización y la confrontación de beneficios y problemas.

El D. O. está basado en planteamientos y valores de la teoría *Y*, pero incluye otros acerca del sistema total y de la naturaleza de las relaciones del cliente consultor. La estrategia de la intervención de los agentes de cambio, científicos del comportamiento, tiende a estar basada en un modelo de investigación de la acción y a ser enfocada más a ayudar a las personas a aprender a resolver problemas, en vez de indicar cómo deben hacerse las cosas en una forma distinta.

El entrenamiento de laboratorio (o *sensitivity training* o modificaciones de los seminarios de T-group) es parte de los esfuerzos de cambio organizacional, pero la extensión y forma de dicho entrenamiento dependerán de la evolución de las necesidades de la organización. Los seminarios de desarrollo de equipos, que incluyen a superiores y subordinados, se utilizan más como forma de cambio social rápido y de evitar problemas de distancia cultural que surgen frecuentemente cuando los individuos regresan de los laboratorios; sin embargo, los laboratorios de extraños pueden desempeñar un papel clave en el cambio de esfuerzos cuando se utilizan como parte de un gran esfuerzo de D. O.

Las investigaciones han indicado que el *sensitivity training* produce generalmente resultados positivos en términos de cambio de comportamiento en el trabajo, pero no han demostrado la unión entre los cambios de comportamiento y la forma de hacer mejorías en la ejecución del trabajo. La maximización de beneficios se deriva, probablemente, del entrenamiento de laboratorio cuando la cultura organizacional apoya y refuerza el uso de nuevas habilidades en situación de equipo.

Los esfuerzos de un D. O. exitoso requieren habilidosas intervenciones de científicos del comportamiento, así como un sistema de inspección y apoyo e involucración de la alta gerencia; además, los cambios del D. O. se basan en el grado en que reflejan correctamente las aspiraciones e intereses de la participación de los miembros.

En conclusión: *el éxito del D. O. tiende a ser un esfuerzo de todo el sistema, un proceso de cambio planificado, y no un programa de cualidad temporal, y un propósito de desarrollar los recursos internos para un cambio efectivo en el futuro.*

Apéndice A

Kepner Tregoe

1. El que analiza problemas cuenta con una norma establecida del funcionamiento, un "debiera", frente al cual debe comparar la "realidad" del funcionamiento.
2. Un problema es una desviación de una norma de funcionamiento.
3. La desviación de la norma tiene que identificarse, localizarse y describirse en forma precisa.
4. Siempre hay algo que distingue lo que ha sido afectado por la causa de aquello que no lo ha sido.
5. La causa de un problema es siempre un cambio que ha ocurrido a través de alguna característica, mecanismo o condición distinta, para producir un nuevo efecto no deseado.
6. Las posibles causas de una desviación se deducen de los cambios pertinentes encontrados al analizar el problema.
7. La más probable causa de una desviación es aquella que explica exactamente todos los datos en la especificación del problema.

TOMA DE DECISIONES

Kepner Tregoe

Definición: "elegir o seleccionar una conclusión conscientemente, partiendo de una alternativa entre un grupo de dos o más alternativas conductuales".

1. Se deben establecer primero los objetivos de una decisión.
2. Los objetivos se clasifican conforme a su importancia.
3. Se desarrollan acciones alternativas.
4. Las alternativas se valoran respecto a los objetivos establecidos.
5. La elección de la alternativa con mejor capacidad para lograr todos los objetivos representa la decisión tentativa.

6. La decisión tentativa se examina para determinar las futuras consecuencias adversas posibles.
7. Los efectos de la decisión final se controlan tomando otras medidas, a fin de evitar que las posibles consecuencias adversas se transformen en problemas y asegurándose de que las acciones adoptadas se lleven a cabo.

TOMA DE DECISIONES

Peter Drucker

1. ¿Este problema es algo genérico o una excepción?
   ¡A lo genérico se debe responder con una regla o principio!
2. Especificar claramente qué es lo que debe perseguir la decisión:
   • ¿Qué objetivos se persiguen?
   • ¿Qué condiciones hay que satisfacer?
   • ¿Cuál es lo mínimo que se requiere para resolver este problema?
3. ¿Qué es lo correcto para satisfacer las especificaciones y límites de las condiciones?
4. Convertir la decisión en acción:

   • ¿A quién debe informarse de esta decisión?
   • ¿Qué acción debe tomarse?
   • ¿Quién debe tomarla?
   • ¿Cómo debe ser la acción para que la gente que tiene que llevarla a cabo pueda hacerlo?

5. Establecer retroalimentación sobre la decisión, para proporcionar un continuo examen (en contra de los acontecimientos) de las expectativas en las que se basa la decisión.

Apéndice B

Introducción

Tratar exhaustivamente la posibilidad de aplicar el D. O. en la administración pública y la manera de hacerlo, son empresas propias de un profesionista versado académica y pragmáticamente ya sea tanto en ciencias políticas como en D. O. o únicamente en dichas ciencias pero auxiliado por un técnico en D. O.

Propósito

Consecuentemente, las siguientes líneas no pretenden ser un compendio de un tratado completo sobre el tema propuesto, sino tan sólo una serie de reflexiones técnicas aplicadas en el campo internacional, a fin de analizar sucintamente los hechos sobresalientes respectivos; esto permitirá formular como hipótesis un punto de vista sobre el particular.

Análisis

Como ha sucedido con algunos de los nuevos movimientos que intentan solucionar algún problema vital de la convivencia humana, en algunos países se ha aplicado el D. O. en la administración pública y ha originado expectativas difíciles de cumplir.

En cuanto a los resultados obtenidos, por lo general cabe decir que más bien han sido parciales, a tal grado que no se podría hablar de una aplicación del D. O. propiamente dicho. Esto se debe a la influencia de varios factores, entre los cuales se encuentran los siguientes:

1° El haber intentado aplicar el D. O. con una mentalidad ajena a la de la administración pública.

Si realmente esperamos cambiar la realidad social, debemos pensar que el cambio debe salvar la identidad específica de lo que se intenta cambiar; de otra manera no efectuaríamos un cambio sino una destrucción.

2° Como es del conocimiento de los versados en la materia, en la administración pública se manejan variables significativas que en otro tipo de administración no es posible controlar, aunque el clásico D. O. aplicable al sector privado cuenta con variables controlables, por lo menos en grado considerable.

3° Tratar de modificar una o varias de las variables obviamente controlables de la administración pública, sin tener en cuenta la dependencia estrecha de las variables significativas mencionadas en el inciso anterior, resulta frecuentemente contraproducente o, por lo menos infructuoso.

4° A los mencionados factores se añade el hecho de que la aplicación del D. O. en la administración pública ha sido un tanto parcial, aún más, con tendencia marcada a aspectos conductuales que presuponen tratar otros aspectos para lograr resultados satisfactorios.

5° La diversidad de resultados parciales obtenidos en distintos países, se debe en gran medida a la idiosincrasia de cada pueblo, a la filosofía y estilo políticos, y al modelo de desarrollo vigentes. Aspectos sumamente importantes que deben tenerse en cuenta al elaborar un sistema y un programa de D. O. adecuado a la administración pública de cada país.

Hipótesis

Después de haber dado la explicación anterior acerca de los factores, se podría sugerir a manera de hipótesis, que "para implantar el D. O. en la administración pública se necesitaría: 1° partir de una definición de D. O. más operativa que la clásica;[1] 2° elaborar un modelo ajustable, de tal manera que se evitara el inducir cambios ajenos a la filosofía y estilo políticos, así como al modelo de desarrollo vigentes; por el contrario, que se enfocara el asesoramiento de la administración pública en el aspecto integral organizacional en cuanto al aporte que éste haga con su asistencia consultiva en los aspectos estructurales, administrativos, técnicos y conductuales".

---

[1] Véase la definición que proponemos en el prólogo a la segunda edición de esta obra.

Apéndice C

Actualización del Desarrollo Organizacional en la industria mexicana*

El objetivo de este tema es dar algunas sugerencias al empresariado mexicano en la actualización de la potencialidad de sus empresas, en lo relativo a su Desarrollo Organizacional, considerado principalmente dentro del marco del Tratado de Libre Comercio, el cual marcará nuevos rumbos empresariales en nuestro país.

En la industria mexicana, el D.O. ha sufrido modificaciones en su concepción y en sus técnicas. Múltiples han sido las variantes al grado que se ha perdido la identidad, efectividad y eficiencia del mismo en la empresa, debido a la insistencia del cambio en el trabajo (tanto a nivel individual como grupal) sin tener presente que el verdadero Desarrollo Organizacional se basa en el hecho de que "una organización llegue a ser lo que puede llegar a ser, según las circunstancias concretas, en interacción con su ambiente interno y externo", y no en un simple ensayo de técnicas novedosas en el campo psicosocial. Debido a esto, por una notable parte, el empresario se ha resistido a estas miras carentes de sentido práctico para la efectividad y eficiencia de las organizaciones lucrativas y, por otra parte, han surgido como respuesta a la inquietud empresarial por la supervivencia o competitividad, el "Comportamiento organizacional" y el "Control total de calidad". Sin embargo, estos movimientos presuponen una visión global-sistémica del fomento de la actualización de la potencialidad de la empresa en interacción con su ambiente organizacional interno y externo, es decir, la visión global-sistémica de la estrategia de un auténtico Desarrollo Organizacional, adaptado a nuestra cultura y circunstancias nacionales e internacionales. Dicho de otra manera, esta globalización del Desarrollo Organizacional que no reconoce fronteras para la empresa, conserva su identidad y la hace más competitiva, puesto que presupone que

---

*Trabajo presentado en el XXV Congreso Internacional de Psicología en Bruselas, Bélgica, 1992.

los constituyentes de la misma, a saber, los accionistas, el personal, los proveedores, los clientes, la comunidad y el Estado sean copartícipes en el cambio visualizado estratégicamente para una mayor competitividad empresarial tanto nacional como internacional. Ahora bien, ¿cómo se podría llevar a cabo todo esto?

Evidentemente, para la competitividad se necesita un cambio empresarial macro, lo cual implica lo que a continuación se sugiere como fundamental.

Un empresario afirmaba que para participar en el entrejuego de la globalización empresarial, primero o simultáneamente (si las circunstancias así lo requieren) se proponía globalizar el ambiente organizacional interno de su empresa. Esta afirmación señala, en líneas generales, en cambio que debemos seguir: el cambio de mentalidad, permítasenos decirlo con todo respeto, desde los accionistas hasta la línea base. De otra manera, el personal de la empresa no se comprometerá con la visión organizacional respectiva.

La falta de compromiso del empleado con la competitividad empresarial es algo endémico. Y lo que agrava más la situación, es su falta de interés al grado que la producción de bienes y suministro de servicios carece de responsabilidad. Al empleado se le debe comprometer a través de un adecuado subsistema de Comportamiento Organizacional, interpretado como "aquella especialización que trata sobre la mutua influencia entre la estructura y el funcionamiento organizacional, y la manera en que el personal cumple su trabajo y con la organización a que pertenece". Este enfoque del Comportamiento Organizacional obviamente tendrá un sentido pragmático y de utilidad e interés para los accionistas, los empresarios y los empleados. Para estos últimos, no tiene sentido esforzarse en algo ajeno a sus intereses de trabajo.

El alto índice de rotación de personal se debe, principalmente, a que el empleado busca trabajos en los que pueda sentirse a gusto. El actual estilo gerencial le causa malestar al grado que lo condiciona a trabajar tan sólo para sobrevivir y no para producir, ni mucho menos, para servir con calidad al cliente; no le interesa, le sirve con atención deficiente. Consecuentemente, la empresa pierde mercado y, por lo tanto, competitividad. Si nos introducimos al Tratado de Libre Comercio, con un personal dispuesto a seguir al mejor postor y sin un ápice de interés por la propia compañía, pasaremos por una crisis de personal competente y responsable a quien confiarle la producción de bienes y servicios.

¿En dónde podremos encontrar la solución? En conocer y, en la medida posible, solucionar las necesidades reales del personal en el trabajo y, en cierta medida, en su vida privada, ya sea individual o familiar. Esto no requiere satisfacer todas sus necesidades a nivel privado y familiar pero sí algunas, las fundamentales, no tan sólo para sobrevivir sino también para superarse en la vida. Se demanda que el empresario conviva ocasionalmente en el trabajo y observe directamente las necesidades del personal, o por medio de personas delegadas expresamente para ello con el fin de comunicarle los hechos a él mismo y, éste a su vez, trasmitir dicha información a los accionistas.

De este modo, los mismos accionistas pueden conocer las necesidades reales del personal que condicionan la responsabilidad del mismo en el trabajo productivo y eficiente; evidentemente, queda en los accionistas la manera de satisfacer las necesidades referidas, después de que el personal administrativo efectúe un estudio socioeconómico y la correspondiente auditoría administrativa de la compañía para obtener una visión clara de lo que la organización puede aportar en cuanto al clima organizacional y rediseño del trabajo. En síntesis, la separación existente entre el empleado y los accionistas junto con la alta gerencia se supera, y el empleado sentiría que se le toma en cuenta como persona, lo cual facilitaría el camino para que se comprometa con la empresa como algo significativo para sus intereses personales y, por consiguiente, familiares.

El personal mexicano es muy sensible al trato con muestras de atención y a romper las barreras entre el autoritarismo tradicional jerárquico y la respetuosa consideración amable y efectiva de sus necesidades fundamentales, relativas a su persona y a su familia. Efectivamente, esto requiere que la empresa desde sus más altos niveles, o sea, a nivel macro, modifique su estructura jerárquica, haciéndola más flexible y adaptable, por medio de un enfoque más ajustado a la evolución de los fenómenos sociales, es decir, al bienestar social e industrial del empleado y a su necesidad de estar comunicado con el producto en el mercado y con los servicios a los clientes, a fin de sentir a la compañía no como un robot insensible y abstraído en sus funciones empresariales, sino como una organización amigable y más sensible al bien de la comunidad social, a la cual, todo empleado pertenece y, de la cual, él con su respectiva familia se beneficia. Esto implica, insistimos, que el personal de la compañía tenga más contacto con el mercado y, consecuentemente, estar más capacitado en el trato adecuado con los clientes nacionales e internacionales; lo cual le motivaría para producir y servir, no solamente con calidad total, sino con algo más, con calidad integral: el empresario se preocuparía en servir con calidad al personal con el fin de que éste sirviera con calidad a la misma empresa y a sus clientes.

Estas son las sugerencias que externamos para el bien de nuestras empresas, las cuales están llamadas, en estos momentos inciertos ante el Tratado de Libre Comercio, a optar por un estilo gerencial más apropiado. De esta manera, los aspectos tecnológicos, administrativos y productivos, así como los de información tecnológica que tanto nos aquejan, tendrán una respuesta de entrega por parte de lo más valioso de las empresas: sus recursos humanos, de potencialidad insospechada para actualizar las correlativas potencialidades de nuestras empresas en el mercado sin fronteras, puesto que el competidor invencible del hombre no es el mismo hombre en sí, sino su incomprensión.

Bibliografía

I. Serie *Desarrollo Organizacional* (6 tomos), Fondo Educativo Interamericano, S. A., México, 1973:
   a) *Naturaleza del desarrollo organizacional*, Bennis.
   b) *Estrategia del desarrollo organizacional*, Beckhard.
   c) *Modelo del cuadro organizacional Grid*, Blake/Mouton.
   d) *Desarrollo de organizaciones*, Lawrence/Lorsch.
   e) *Conciliación de conflictos interpersonales*, Walton.
   f) *Consultoría de procesos*, Schein.

II. Margulies y Raia, *Organizational Development: Values, Process, and Technology*. Nueva York: McGraw Hill, 1972. (Hay traducción en español.)

III. W. G. Bennis, *Organization Development: Its Nature, Origins, and Prospects*. Reading, Mass.: Addison-Wesley, 1969.

IV. Patrick Williams, *Organization Development*. San José, California: Lansford Publishing Co., 1973.

V. R. Beckhard, The Confrontation Meeting, *Harvard Business Review*, marzo-abril de 1962, págs. 149-155.

VI. Kay Harley, Team Development, *Personnel Journal*, junio de 1971, págs. 437-443.

VII. Wendell French, Organization Development: Objectives, Assumptions, and Strategies, *California Management Review*, vol. XII, núm. 2, invierno de 1969, págs. 23-34.

VIII. J. K. Fordyce y R. Weil, *Managing with People*. Reading, Mass.: Addison-Wesley Publishing Co., 1971.

IX. W. G. Bennis y colaboradores, *The Planning of Change*, 2ª ed. Nueva York: Holt, Rinehart and Winston, Inc., 1969.

Anexos

Anexo 1

El aprendizaje organizacional

Intentar exponer una teoría sobre el *aprendizaje organizacional* no tan sólo depende de aspectos prácticos y comprobables sino también de una postura filosófica ante el fenómeno del cambio y del aprendizaje mismo. No sin razón, la mayor parte de los especialistas sobre el tema se ubican bajo distintos puntos de vista.

Por ejemplo, Chris Argyris y Donald A. Schön nos hablan de "un examen y reestructuración de la organización" (sus valores y normas así como su habilidad para reflexionar sobre todos los patrones cambiantes y no cambiantes de la vida organizacional). Dicha reestructuración se lleva a cabo por medio de los mismos individuos que desempeñan el papel de receptores y de agentes del aprendizaje organizacional, a través de intervenciones similares a las del Desarrollo Organizacional.

Por otra parte, Russell L. Ackoff se expresa de la siguiente manera:

Los ejecutivos y los gerentes me han dicho repetidas veces: *no necesitamos su ayuda para decidir qué hacer; tan sólo díganos qué va a pasar y nosotros nos encargaremos de lo demás.* Estos tomadores de decisiones creen que sus errores provienen más de sus predicciones defectuosas que de una inadecuada preparación. Esta opinión se refuerza por el crecimiento, muy discutido, de la turbulencia que existe en nuestro medio ambiente externo. Si el esfuerzo que generalmente se gasta en mejorar las predicciones y pronósticos, se empleara en aumentar el control, la sensibilidad, el aprendizaje y la adaptación, no solamente se reduciría la necesidad de predecir y pronosticar, sino también aumentaría nuestra habilidad para lograr lo que pretendiéramos. Esto nos habilitaría para diseñar y crear un futuro que se aproximase más al deseado. El principal obstáculo entre el hombre y el futuro que desea, es el hombre mismo; gran parte de dicho obstáculo es su inclinación a la predicción y a la preparación (respectiva).

Para una mayor actualización sobre el tema, nos permitimos sugerir la lectura de todo el número de la revista *Journal of Management* citada en la bibliografía del presente anexo. Consideramos especialmente interesante el editorial escrito por Argyris y Schön, en el cual establecen:

Creemos que los métodos más efectivos para el estudio del aprendizaje organizacional son las formas de la ciencia de la acción fundamentada en reflexiones sistemáticas y apropiadamente rigurosas sobre el individuo y la práctica organizacional.

No obstante, nos preguntamos si bastarán las diversas formas de *acción* fundamentadas en las reflexiones aludidas, sin la iluminación de un sólido sistema filosófico sobre el aprendizaje y demás fenómenos comprendidos en las ciencias humanas que condicionan el medio ambiente externo e interno de las organizaciones. Si esto fuese así, el aprendizaje organizacional, tanto en su definición como en su aplicación, tomaría un rumbo de singular interés e importancia.

BIBLIOGRAFÍA

Argyris, Chris y Schön, Donald A., *Organizational Learning. A Theory of Action Perspective*, Reading, Mass.: Addison-Wesley, 1978.
Journal of Management Studies, volumen 20, núm. 1, enero de 1983. (Véanse especialmente las págs. 3-5, 59 y 69.)

Anexo 2

Globalización estrategica de los recursos humanos en condiciones inciertas de la Industria Mexicana

El tema que nos proponemos abordar nos sitúa, junto con nuestras tradiciones hispano-europeas, en la proximidad geográfica y cultural con los Estados Unidos de América. Este escenario ha conducido a las empresas de nuestro país a inducir cambios organizacionales difíciles de asimilar por su personal, lo cual ha constituido para su manera de pensar y actuar un choque cultural. Por ende, se requiere hoy día, ante la necesidad de un cambio asimilable, que los empresarios adopten una especial visión industrial estratégica de sus recursos humanos para elevar la calidad en la producción de bienes y servicios a niveles de competitividad global.

Obviamente, dicha visión corresponde a una filosofía, cuyos principios la guíen para encauzar al personal por el camino adecuado a vertir el potencial de su desarrollo humano en la calidad de los bienes y servicios ofrecidos a la comunidad mundial. De ahí que expongamos a continuación nuestro aludido tema como un conjunto de principios en los cuales se fundamente cada visión empresarial en particular según las variantes que la condicionen.

No cabe duda,... en el personal de las empresas se ha despertado la convicción de trabajar sólo por interés personal sin preocuparse de ser fiel o noble a la empresa. Esto no tiene por qué inquietarnos si tenemos presente el cúmulo ingente de información que se difunde sobre el derecho de desarrollarse como persona en el trabajo y en la sociedad. Las barreras de las clases sociales se van desvaneciendo a medida que las personas iluminadas por una educación más amplia, llegan cada vez más a ser lo que pueden ser. A esto se suma el hecho de que el frecuente trato cultural con otros pueblos ha transformado a nuestra sociedad en una sociedad abierta con nuevos horizontes en la realización de su potencial. Esta inquietud del empleado ha desorientado al empresario deseoso de responder acertadamente, por no haber logrado comprender la mentalidad del personal.

Ante este escenario, nos preguntamos: ¿cuál podría ser la pauta de cambio según la visión empresarial respecto a su personal? Por una parte, se ha experimentado que el factor "sueldos y salarios" no responde completamente a la referida inquietud; por otra parte, las diferentes teorías motivacionales no han logrado cambiar sustancialmente la actitud del personal. Por lo tanto, ¿dónde podríamos encontrar la solución?

Desde hace mucho tiempo se ha tratado al empleado como si estuviese bajo el dominio de un señor hacendado al cual se debiese pleitesía por toda la vida. Debido a lo señalado en líneas superiores, el personal se ha ido librando de ser tratado como número contable. En nuestros días, esto se ha traducido en una preocupante rotación de personal. Según encuestas que se han llevado a cabo al respecto, se deducen como pauta general las dos siguientes actitudes del empleado en el trabajo:

1a. El ambiente laboral le fastidia porque la empresa tan sólo vela por sus intereses.
2a. Persiste en que se le trate "como en familia".

¿Qué significan estas expresiones? He aquí el problema. Examinemos este fenómeno a la luz de observaciones en el campo de trabajo, ya como participantes en él, ya como asesores organizacionales externos.

Nuestra cultura es significativamente humanística: deseamos vivir cualquier actividad "a lo humano". Por esta razón, viviendo el trabajo lo humano, somos capaces de entregarnos totalmente al logro de lo que se nos fija dentro de los parámetros humanos, según nuestra manera de pensar y sentir, en conformidad con nuestra cultura de rasgos familiares mestizos, expresada en un trato social matizado por un donaire familiar, connaturalizado con la humanidad. El mexicano se guía por la amistad con todo el mundo. Y así espera que se le trate en las empresas. El empleado añora que el empresario se comporte, por una parte, como un padre de familia con rasgos de reciedumbre y arrojo hispanos, que oriente y abra camino en la vida por medio del trabajo e inspire seguridad y confianza por sus conocimientos y experiencia en el mundo empresarial y que, por otra parte, evoque la figura maternal por el alivio de la reciedumbre paternal, a las veces rigurosa e impetuosa, así como, por su sensibilidad y comprensión de la debilidad humana, y por su muestra de afecto y aliento, envueltos en una mística familiar que alimente, a la vez, la unión fraterno-paternal ante los problemas de convivencia y ayuda mutua. Mística, es decir, experiencia cumbre, que constituye el valor supremo de un pueblo que se entrega, a cualquier precio, con tal de gozar en sí mismo la energía vital familiar en la empresa. Este ambiente familiar mestizo, vivenciado como mística peculiar, ha formado en nuestra gente una actitud donairosa en la manera de comportarse. Gracias al ambiente familiar y donaire aludidos, repetimos, nuestro personal tiende a entregarse por completo a una tarea con algo más que una motivación, a saber, una mística.

Tradicionalmente, nuestras empresas han tratado a sus recursos humanos prescindiendo de la referida mística familiar. Empero, a través de los años se ha puesto de manifiesto el deterioro del clima organizacional favorable para la calidad en la producción y la globalización industrial, al grado que, en la actualidad, la principal incógnita es la siguiente: "¿nuestros recursos humanos responderán a la calidad en la producción y a la globalización?".

Se consideran, preferentemente, los aspectos económicos como la única forma de motivar en el futuro al personal sin parar mientes en recurrir, dadas las actuales circunstancias empresariales de globalización, a nuestra cultura familiar mestiza para aplicarla, con flexibilidad y sin perder su intimidad familiar, al trato con otras culturas, haciéndola, de esta manera, funcional en la globalización. Ahora bien, ¿cómo se podría llevar a cabo tal intento?

Volvemos a insistir, esto sería posible si el empresario se desempeñara con características similares a las del padre y de la madre de familia en un clima hogareño, gracias al cual el personal se sintiera a gusto, y si, además, el mismo empresario tuviese sensibilidad hacia el personal en cuanto respecta a los siguientes puntos:

1o. A la manera de pensar y sentir del empleado; **2o.** a la disciplina y responsabilidad requeridas para una productividad eficiente, pero matizadas por un clima familiar; **3o.** a la necesidad que tiene el empleado, como persona, de adquirir nuevas habilidades y conocimientos para superarse en la vida; y **4o.** a su connaturalidad en brindar con donaire familiar al consumidor lo que éste desea obtener del producto. ¿Será esto irrealizable? Juzgamos que no lo será en el caso de que el empresario, apoyado por sus accionistas, se interese efectivamente en ello. Nuestros empleados piden más horizontes en su desarrollo personal a través del trabajo. Desean aprender en su desempeño lo que les ayude a superarse en el futuro cuando estimen oportuno dejar la empresa después de haber prestado sus servicios dentro de un tiempo razonable. Hoy en día, prevalece la actitud de trabajar en la empresa sólo por un interés monetario y de desarrollo personal sin un compromiso moral de lealtad, en virtud de la evolución de los fenómenos sociales que estamos presenciando.

Lejos de constituir esta fenomenología una amenaza para la supervivencia empresarial, llama la atención hacia el fenómeno social que estamos viviendo en el tiempo presente. Nuestra sociedad ha despertado a la apertura global en la que el intercambio de culturas diferentes ha suscitado el interés en el empleado de constituirse como una persona global a medida que su información y preparación adquiridas le hacen tomar conciencia de la necesidad de enriquecerse en conocimientos y habilidades para abrirse a colaborar con otras culturas; consecuentemente, nace en él la necesidad de ascender en la escala de rasgos ocupacionales hasta lograr establecer una empresa. En suma, la globalización de la empresa está condicionada por la globalización de la sociedad y, por consiguiente, de quienes la integran. Es conveniente que las empresas enfrenten esta situación: brinden a su personal un ambiente familiar-donairoso; le ofrezcan preparación y experiencia profesionales en el trabajo a cambio de disciplina, responsabilidad y cooperación en la producción con calidad; de lo contrario, probablemente, se verán afectadas gradualmente por una producción deficiente debida a un personal descontento. Para evitar este escenario pesimista, es indispensable, además de lo expuesto hasta el presente, tomar en cuenta los siguientes factores de acción:

1o. Asumir un liderazgo empresarial, secundado por los accionistas respectivos, según el cual se induzca al personal a la cooperación en la producción con calidad y la globalización industrial por medio de la promoción de una mística empresarial familiar mestiza, a fin de facilitar al personal que viva su trabajo con el bienestar característico de la energía vital que se experimenta al sentirse uno parte de su propia familia y al esforzarse por el progreso de la misma.

2o. Establecer un sistema administrativo de grupos informales a través de líderes, formados por la empresa, con el objeto de encauzar las aportaciones de los integrantes de los susodichos grupos a la producción con calidad total en un ambiente familiar amistoso para beneficio personal y de la compañía.

3o. Ofrecer un sistema de incentivos que alimente un clima organizacional familiar-donairoso.

4o. Acondicionar adecuadamente el lugar de trabajo para garantizar al personal seguridad y bienestar industriales.

5o. Rediseñar la organización de tal suerte que se estimule la calidad integral de la producción, o sea, obtener producción con calidad total por medio del trato con calidad personal y de la adaptación del medio del trabajo a nuestra mística familiar mestiza.

6o. Fomentar la comprensión de las culturas industriales extranjeras con las cuales exista algún contacto en la región.

7o. Favorecer la libre expresión de ideas constructivas, relativas al trabajo y al producto en el mercado.

8o. Erigir un centro de evaluación de conocimientos y habilidades adquiridas por los empleados en la empresa, así como de la carrera que han seguido en ella, con la finalidad de ascenderlos dentro de la misma empresa; si esto no fuese aconsejable, sugerirles otras empresas donde pudieran encontrar la oportunidad de ocupar puestos más elevados, o bien, ofrecerles orientación de cómo iniciar un negocio con éxito que al mismo tiempo pudiera proveer a la compañía donde estén trabajando con algunos bienes y servicios.

La importancia de estos factores es tal que constituyen la actual subestructura humana de nuestras empresas con la mística familiar mestiza y donairosa que nos legaron nuestros antepasados, tradición que todavía gravita en nuestra manera de vivir y de ser. Cuanto la industria respete y fomente más dichos factores vivificados por la referida mística, tanto más la tecnología en nuestra industria dejará de ser algo ajeno a la manera de trabajar de nuestros recursos humanos ya capacitados para aplicarla efectiva y eficientemente. El ambiente integral de las empresas está llamado a presentar un cuadro más natural y, sobre todo, acogedor familiarmente, donde el personal se sienta colaborador en la tarea que lo une tanto a la naturaleza como la humanidad, y no un simple instrumento despersonalizado que forma parte de un todo gigantesco, refinado y artificial, coordinado tecnológicamente sin sensibilidad por la naturaleza y la humanidad. Nuestro personal anhela trabajar en familia con nuestro donaire mestizo para sentirse más realizado en su propia constitución humana en medio del ambiente tecnológico, tan enajenante, que presenta la industria. Este es el reto que se presenta a los empresarios y no tanto el aprendizaje de la tecnología por parte de nuestros recursos humanos, puesto que actualmente, el aprendizaje, la efectividad y la eficiencia del empleado en su aportación a la calidad en la producción se encuentran bloqueados emotivamente por un ambiente organizacional extraño a su mística cultural familiar mestiza. Lo mismo podría afirmarse de la globalización industrial, una vez que la misma no es otra cosa sino la traducción del deseo mundial de integrar la humanidad en que vivimos. De ahí que la formación de los recursos humanos en la globalización esté condicionada a la adaptación de la industria a nuestra manera de ser y pensar. En suma, la globalización estratégica de la Industria Mexicana en condiciones inciertas ante la apatía de sus recursos humanos, llama a los empresarios y a sus accionistas a salvar las peculiaridades más fundamentales del personal: la mística familiar mestiza con su donaire familiar amistoso. De esta suerte, el personal vivirá lo fundamental de la globalización industrial: la universalidad de la naturaleza y de la humanidad, dualismo indispensable para perfeccionar con efectividad y eficiencia el producto según lo pida el consumidor; y así, marchar hacia la globalización estratégica industrial, con seguridad y firmeza de ánimo.

La publicación de esta obra la realizó
Editorial Trillas, S. A. de C. V.

División Administrativa, Av. Río Churubusco 385,
Col. Pedro María Anaya, C. P. 03340, México, D. F.
Tel. 56884233, FAX 56041364

División Comercial, Calz. de la Viga 1132, C. P. 09439
México, D. F. Tel. 56330995, FAX 56330870

Se imprimió en
Irema, S A. de C. V.
BM2 80 TASS